日本の技術が世界を変える

未来に向けた国家戦略の提言

杉山徹宗

芙蓉書房出版

はじめに

戦後から現在まで、日本の国家政策や企業の経営方針を振り返ると、発想の点で他国と大きく異なる点が二つある。

一つは、「世界を見据えた発想が出来ていない」ことである。

日本人や日本という国家の規模ならば、この程度で十分であろうという考えである。例えば、明治期の社会インフラで言えば、鉄道のレール規模は狭軌で十分としたし、軍隊の保有する大砲にしても日露戦争に突入した時点でも、青銅砲を使っていたのである。

戦後になってオリンピックが開催されることが分かり高速道路を建設した時も、片側2車線を造った。自動車社会の到来を予測できず、日本ならば片側3車線など必要ないという発想であった。

空港建設にしても、国内の各県に空港を建設しても、成田をハブ空港とする発想がなかったために、欧米各国からの乗り継ぎ客は、ハブ空港となっている韓国・仁川、中国・上海、シンガポール等に奪われている。

同様に、港湾設備もコンピュータ機能を持つ巨大ガントリークレーンを建設しなかったために、世界からの巨大コンテナ船は仁川、上海、シンガポールへ直行し、横浜も神戸も世界の荷役ランキングでは下位に低迷している。しかも、空港も港湾も諸外国の施設建設を日本企業が請け負ってきているのである。

家電業界では、携帯電話の機能を日本人を対象とした部分で競争をしたため、現在では完全に世界から遅れを取ってしまった。

要するに、政治家も官僚も、そして民間企業経営者も、世界を視野に入れた発想を当初は持っておらず、数年を経過してから世界の潮流を知ることになったが、時既に遅しの事態を招来している。

第四の産業革命と言われる「ＩｏＴ」にしても、ドイツや米国のみならず韓国や中国の後塵を拝する状態になっている。

もう一つは「科学研究費が極端に少ない」ことである
２０００年に文部省が科学技術庁を吸収してからは、政府の研究機関や大学の研究所などに支出する科研費が、年々少なくなっている。その一方で、文系官僚による科研費や科学技術者への管理が厳しくなっている。

このままの状態を続けていたら、人口減少に比例して国力（ＧＤＰ）も減少するしかない。ＯＥＣＤ（経済開発協力機構）は２０１７年、「世界経済展望」の中で主要国のＧＤＰを発表したが、それによると、２０３０年には中国のＧＤＰは26兆ドル、米国22兆ドル、インド11兆ドル、日本は４・８兆ドルで４位と予測した。さらに２０５０年には中国45兆ドル、米国32兆ドル、インド27兆ドル、４位の日本は６兆ドルと予測している。

この凋落を食い止めるためには、新たな産業を興しモノ創りをしてサービス産業を活性化しなければならないが、新たなモノ創りをするための科学技術研究への投資が全くなされておらず、むしろ削減されている。

２０１８年度に明らかとなった２０１６年度における、日・米・ＥＵ・中国・韓国の科学研究費を比較した表を掲げたが、中国は驚異的な数字を示している。なお、各国の研究費は政府支出と民間企業の研究費を合計した数字である。

２０１６年度における日本全体の科研費は約17兆円であるが、その内訳は、国家が政府研究機関に支払った科研費は３・２兆円、民間企業が自社の研究開発にかけた総額は13・６兆円で、政府と民間の合計額が約17兆円となっている。

ただ日本が用心しなければならないのは、ハイテクの独自開発の重要性に気が付いた中国が、遅れた自国のハイテク技術発展に日本をターゲットにした技術窃取戦略を追求し、あらゆる手段を講じていることである。事実、既に理系論文の数においても特許数においても、米国や日本を抜き去り世界一となっている。これは、中国の科研費が日本を遥かに抜き去って、米国をも凌駕するほどに巨額となっていることを示している。

日本人科学技術者の能力は現状では世界でもトップレベルにあるが、研究費は極めて少ない。政治家は「スパコンは１位で

2016年度・科学研究費の世界比較

国　名	研究費	研究者数
日　本	16兆8645億円	66万5600人
中　国	45兆1201億円	169万2200人
米　国	51兆1089億円	138万0000人
Ｅ　Ｕ	39兆2202億円	188万8800人
韓　国	7兆9354億円	36万1300人

2018年版『科学技術白書』より作成

ある必要があるのか」、「儲かるのか」、「財源がない」等と揶揄し、官僚は「世界はどこも取り組んでいない」などの発想でしか、科学技術研究を見ようとしていない。

政治家は、将来の日本をどのような国家にしたいのか、そのための国家戦略として何を目標とするのかを国民に提示する必要があるが、将来の国家戦略を描いていない。

ただ、科学技術に限っては、既に日本人科学技術者が諸々の分野で、世界に先駆けてプロトタイプ（原型）を完成させたり基本的概念を創り上げているのであるから、政府はこの科学技術を活用する巨大プロジェクトを立上げれば、10年後に日本のＧＤＰは１０００兆円、15年で１５００兆円、20年で２０００兆円といった具合に急増させることが可能なのである。

もっとも、例え２０００兆円の経済力を保持したからと言って喜ぶことはできない。なぜなら、少子高齢化による医療費や社会福祉費が倍々ゲームのように増大するだけでなく、今後ますます増大する自然災害への対応費用や復興費がうなぎ上りに増大するからである。

自然災害と言えば、台風や地震よりも恐ろしい事案が巨大隕石の衝突である。２０２９年に地球上空３万２０００キロを通過する小天体「アポフィス」の脅威を、世界は真剣に考えていないが、これへの確実な対策を取らないと地球滅亡も招来しかねず、覇権争いなどしている暇はないのである。

日本の技術が世界を変える　目次

第1章

核弾道ミサイルをオモチャにできる

1．世界は軍事紛争をしている時ではない

（1）軍事紛争が無くならない訳

現代の国際社会には196ヵ国ほどが存在しているが、21世紀の現在に至っても争いが絶えることなく、世界各地で小さいものは「水争い」から大きいものは「軍事紛争」まで発生している。

フランス革命以来、人類は「自由・平等・民主・人権・博愛」などの普遍的理念を創り出し、ほとんどの国家はこれらを法制度化して近代国家を創り上げてきている。それにも関わらず、相変わらず「争い」が絶えない。なぜなのかを考えてみる必要があろう。

第1に、力で抑えることのできる「スーパーパワー（超大国）」が存在していないことである。かつては「パックス・ロマーナ（ローマ帝国による平和）」、「パックス・モンゴリア（モンゴル帝国による平和）」、「パックス・ブリタニカ（英国による平和）」、「パックス・アメリカーナ（米国による平和）」などが、世界の紛争を抑えてきた。

だが、現在は米国パワーが低下したため、北朝鮮のような小国家さえも抑えることができていない。加えて経済的に大国化した中国が、世界の覇権を求めて米国に挑戦までしている。

第2に、世界には約7000を超える民族・部族が存在するが、ほとんどが200ほどの国家の範疇に入っている。少なくとも3500以上の民族・部族は独立を求めており、住民投票で実行する民族もいれば、軍事的に独立を達成しようとする民族・部族もある。当然ながら独立を阻止するために、武力をもって抑える場合は軍事紛争へと発展せざるを得ない。

ロシアにおけるチェチェン人や、中国におけるウイグル族やチベット族の独立闘争などは軍事紛争の例であるが、英国におけるスコットランドや、スペインにおけるカタルニア地方の独立のための住民投票は、非軍事闘争の例である。

第3に、世界は同じ価値観を持つ政治的共同体ではないことである。共和制もあれば議会民主制、王制、一党独裁制、軍部独裁制もある。政治体制の異なる国家同士が隣国として接する場合は、紛争が発生しやすい。

これらの政体のうち、独裁政権は60ヵ国以上あると言われているが、ほとんどの独裁国家では一部の者だけが富の多くを独占して富裕層を形成するが、中産階級は少なくほとんどは貧困層に属している。こうした独裁政権に反対する勢力が抗争を繰り返すため、人民が難民となって苦しむ構図が各地で発生している。

第4に、独裁政権の行う各種政策が人民を満足させない場合、人民の不満は政権に向けられるが、独裁政権はこれを回避するために人民の不満を隣国に誘導する政策を取る。つまり人民が豊かにならないのは隣国の帝国主義的政策や帝国主義的歴史にあると批判する。

一党独裁を続ける中国は、まさにこの代表であると言ってよいであろう。1989年6月に北京の天安門で民主化を求める学生等の反政府デモに対して、独裁を続ける中国政権は震え上がった。対応策を考えた結果、当時の江沢民政権は国内に１００館の抗日戦争博物館の設置と、反日本軍の映画館を２００館建設して人民に見せ、テレビでは毎週のように日本軍の敗北と人民軍の鮮やかな勝利映像を流し続けてきている。

同様に、韓国においても日本に併合された36年間の歴史が、いかに惨めであったかを歴史教科書を使って子弟に教育し、反日思想を植え付けてきている。その効果が「慰安婦像の設置」であり、「徴用工」の問題である。

第５に、一神教を信奉する国家（例えばキリスト教、ユダヤ教、イスラム教）の場合、信ずる神は唯一絶対であり異教徒の信じる神は邪神であるとして教育される。邪教であるから排除しなければならないとする論理が根底にある。

もっとも、一神教に限らず仏教にしてもヒンズー教にしても、もともと宗教というものは自らが信ずる神や仏の教えを守るためには、死を厭わない「狂気」を秘めている。そうであればこそ、信ずる宗教が弾圧される時が来ると、死を覚悟してでも相手を殺害することに躊躇しないし罪悪感もない。

第６に、生存のためだけでなく、豊かさを求めてエネルギーや食糧などの資源を獲得するために、他国の領土や領有権を平然と侵す政権が後を絶たないことである。例えば、中国による尖閣諸島奪取の目論見は、東シナ海の海底資源や漁業権の獲得であり、南鳥島や沖の鳥島周辺の海域を狙うのは、海底資源を奪取するためである。

また、乾燥気候下にある大陸諸国では水が不足しているために、農業や牧畜業に支障を来《きた》しており、隣国との国境を流れる河川からの取水を巡って、毎年５００件以上の水争いが勃発している。

第７に、世界覇権を追求したり自国陣営を増やすために、高度の武器・弾薬を製造して輸出する国が多いことである。武器輸入国は決して輸出国の敵性国家とはならず、結果として自国陣営に留まってくれることになる。

第８に、世界の覇権を握ろうとして、軍事力を増大させている国家の存在である。特に中国は、まずアジア地域において覇権を握ろうとしている証拠がある。２００９年からインターネット上に、「50年後の中国領土」として日本を含む東南アジア全域とオーストラリアも含めた地域を、中国の自治区または特別行政自治区として載せている。このネット上の地図は中国外務省が載せたもので、２０１８年現在においても消去していない。

覇権掌握の一環として、中国は２０２０年頃の完成を目指して、ニカラグア運河の工事を進めている。現在はニカラグア国内が紛争状態のため一時的に中止しているが、紛争が収まれば工事は続行されるため、完成すればカリブ海へ軍隊を派遣することが可能となる。

パナマ運河を開設した米国は、運河の管理権と防衛権を１００年間請負ってきたが、中国がニカラグア運河を開設すれば、同様に１００年間の管理と防衛のための軍事基地を設置することができる。カリブ海に中国の原潜が出現するようになれば、米国はアジアに留まって中国を牽制する余裕などなくなり、グアムまで撤退せざるを得なくなる。

以上が、世界から軍事紛争が絶えない主な理由である。

そして、こうした要因から自国が優位に立つために開発されたのが核兵器であり、弾道ミサイルである。

原子爆弾が１９４５年８月に広島と長崎に投下されてから２０１８年で73年が経過したが、核兵器は米ソに続いて、50年代に英国、60年代にはフランスと中国が保有し、70年代から80年代にかけてはインド、パキスタン、イスラエルが保有し、２０００年に入ると北朝鮮も続き、現在ではイランも将来の保有を視野に入れている。核兵器は絶対兵器としての威力を持つがゆえに、所有願望を持つ国が後を絶たないのが実情である。

それどころか、核兵器の小型化によって利用手段を多角化しようとしている。米国では新たな核爆弾「Ｂ61-12」を開発し、Ｆ-35戦闘機に搭載することが決定している。この新型核爆弾は小型のため、爆発威力をコントロールすることが可能で、しかも広島型原爆の威力の２％、0・15キロトン程度から45キロトンにまで高めることが可能という。そして戦闘機から発射できる技術を得たことで、廃止方向にあった航空母艦の有用性が再び脚光を浴び、新型航空母艦２隻の建造がスタートしている。

つまり数量を減らす代わりに、より小型化・強力化した核爆弾へと進むことになるが、当然ながらライバルとなるロシアや中国も更なる小型化に走りつつあるのが実情である。

（２）軍事紛争を止めなければならない訳

一方、低強度紛争と言われる反政府紛争、民族紛争、宗教紛争などから逃れて、２０１８年現在も中東やアフリカ地域から多くの難民が欧州へ押し寄せ、ドイツ一国だけでも２０１７年度には１１０万人に達しており、ＥＵ諸国は受け入れに四苦八苦している。

国連難民高等弁務官事務所（UNHCR）によると、2017年度に自国の紛争を逃れて、海外へ難民となった人数は3000万人以上、国内で住居を追われて他の地域へ避難している人数は3500万人以上に上り、加えて自然災害からの避難民も含めると、トータルで8000万人を超えるまでに膨らんでいる。

このような状況のなか、朝鮮半島や中国で大規模紛争が発生した場合の対応が定まっていない日本は難民問題を対岸の火事と見ることはできない。仮に北朝鮮人民が国内で暴発した場合、一時に100万人ほどが対馬や日本海沿岸へ押し寄せる可能性があるが、日本は対応できないであろう。さらに中国人民が国内で反乱を起こせば、数千万人規模の難民が台湾と日本へ押し寄せることも予測されるのである。

中国・韓国・北朝鮮では小中高教育において、徹底した反日歴史教育を続けているから、仮に数万人の難民を受け入れて日本で生活するようになった場合、少しの行き違いから大規模暴動に発展する危険がある。まして100万人規模の暴動ともなれば国家が滅びる危険さえある。

難民を作り出してはならないのは、地球温暖化を促進させないためでもある。難民となって焼け出された人々は屋外で焚火《たきび》をたいて生活しなければならないが、焚火は四六時中燃やし続けるために、大気温を上昇させる。しばしば問題になるインドネシアでの野焼きは、大量の煙を発生させて航空機の飛行障害を起こすだけでなく、大気温を確実に上昇させているのである。

現在では、温暖化によって北極海や南極、そしてグリーンランドやヒマラヤの氷が解け海面が上昇している事実に加えて、大気中の二酸化炭素が海洋上に落ちて海を汚染し、海洋生物の生態にも悪影響を及ぼしつつあることも分かっており、魚食民族としての日本を脅かす事態にまで至っている。

２０１８年6月発行の英国科学誌『ネイチャー』は、１９９2年以来２０１７年までの25年間で、南極の氷が約2兆７０００億トン減少し、海面は8ミリ上昇したと報告している。当然ながら台風やハリケーンなどは多量の水を吸い上げるであろうし、モンスーン地帯では豪雨や豪雪を降らすことになる。

また、２０１８年5月の世界保健機関（ＷＨＯ）の発表によると、年間７００万人が空気汚染に関連する原因で死亡しているという。死因は肺や慢性気管支炎、肺がん、脳卒中などで、死者の9割以上がアジア・アフリカなど低所得国に集中しているという。

さらに地域紛争の激化によって、国際テロ組織であるＩＳやアルカーイダ、そしてタリバーン等が、組織内の若者を教唆しテロ等の犯罪に走らせているが、被害者は善良な一般市民だけでなく、貴重な歴史遺産さえ破壊している。イスラム系テロリストが歴史遺産を破壊するのは、彼らが苦しい貧困生活を送っている中で、裕福な先進国の観光客達が自国内の歴史遺産を見て満足していることに、怒りを禁じえないからと述べている。

要するに、軍事紛争を続ける限り、地球の温暖化やテロ活動は決して止まらないことを強く認識しなければならないのである。電気自動車の採用で温暖化を止めることはできても、軍事紛争を止めなければ無理なのである。人類がそうしたことに無頓着のまま軍事紛争などを続けるならば、ノストラダムスの予言のように地球は滅亡する可能性もある。

２．中国・北朝鮮の核ミサイルと新技術の登場

（１）中国は核ミサイル24発を日本に照準中

日本人は、中国が日本の領有権を脅かす行為にでても、日中間の経済関係が密接であるからまさか軍事紛争など仕掛けるはずがないと楽観し、それよりも日本が憲法改正などすれば、中国に警戒心を起こさせ却って紛争に繋がると考える人が多い。しかし、日本政府はもとより国民も、中国が１９９０年代から24発の核弾道ミサイルを日本に照準している事実を知る人は少ない。

筆者は１９９７年11月に米国防総省（ペンタゴン）から、中国が北朝鮮との国境に近い通化《トンホア》基地に24発の中距離核弾道ミサイル「東風‐21（DF‐21）」を日本に照準している事実を告げられた。驚いた筆者は直ちに、北京にある人民解放軍国防大学に赴き、この事実を問い質した。筆者と面会した10人の軍幹部は、その事実を堂々と認めたのである。核弾道ミサイルが照準しているのは、主要な米軍基地を含む自衛隊基地24ヵ所であることも明言した。

国防大学の説明によれば、24発の核爆弾１発の威力は３００キロトンという。かつて広島に落された原爆は15キロトンであったから、その20倍もの威力があることになる。

当然ながら筆者は中国の行為を厳しく非難したが、彼らは中国がどこの国に核ミサイルを照準しようと勝手であり、日本から非難される覚えはなく、内政干渉であるとさえ明言したのである。

呆れた筆者は帰国後、有力な政治家にもこの事実を訴え、書籍にもして核弾道ミサイルの対日照準を記述したが、政治家は日中友好が大切と考えており、当時の外務省もチャイナスクール全盛の時代であったこともあって、事実の確認さえしなかった。

もしも、この事実を確認していたならば、１９９８年以降の首相を始め国政に参画する政治家達が、ニコニコしながら中国要人と固い握手など交わしていなかったであろう。

対日照準中の「東風-21」
核弾道ミサイル

２０１８年５月には李克強首相が来日し、２０１９年には習近平国家主席も来日するようであるが、彼らは米国の経済制裁を緩和するために日本を利用しようとするだけである。首相も外相も、まずは中国の核弾道ミサイルの対日照準を外させる必要があろう。

なぜなら、平和条約を締結していないロシア（ソ連）でさえ、エリツィン大統領が２０００年代初頭に対日核弾道ミサイルの照準を外したことを明言しているのである。日本は中国との間には１９７８年に「平和友好条約」を締結済みであるにも関わらず、１９９０年代から核弾道ミサイルの対日照準を外していない。

しかも日本は、日中友好のために１９７９年から２０１３年まで中国を最大の友好国として位置づけ、６億ドルに及ぶ経済・技術援助を続け、中国人労働者に中国国内や日本国内で多くの職場を提供して最恵国待遇を与えている。経済・技術援助は２０１８年現在でも規模は小さいが続けられていた。にも関わらず、平然と核ミサイルを照準し続け、尖閣諸島周辺や排他的経済水域内に公船や軍艦あるいは調査船を侵入させて実効支配を目論み、領空には年間１０００件を超す侵犯に近い行為を続けているのである。

現在の中国が世界第２の経済大国として伸《の》し上がることができたのは、１９９０年代に多くの日本企業が米国によるグローバルスタンダードのために国内製造業が弱体化したことを受けて、中国や韓国にハイテクを伴う製造業を移転したことと、米国や日本が安い中国製品を輸入し続けたことが最大の要因である。

現在の中国は経済力と軍事力で米国に追い付くために、日本の持つ優れた「科学技術」をあらゆる手段・方法を使ってむしり取ろうとしている。その上で世界覇権の獲得を目指すのが最終目標である。

国家はしばしば「船」に例えられるが、通常の国家の船体は、波の上に見える船体は外交（平和）でできており、その上に政治・経済・科学・教育などを載せて航行している。しかし波の下で見えない船体の部分は「軍事力」なのである。それゆえ、嵐（紛争）が起きて外交だけでは処理が困難となると、軍事力を前面に出した外交を行うが、双方共に対外軍事力行使の憲法を保持するがゆえに、決して一線を超える強硬外交に踏み切らない。

これに対して日本の船体は、波の上に見える船体も見えない部分も全て軍事力の伴わない外交（平和）だけである。優秀な自衛隊があっても、対外軍事力を行使できないため、嵐が来るとすぐに港に入って嵐が過ぎ去るのをじっと待つことになる。どうしても航海しなければならない巨大な嵐の時は、日米同盟によって米国に前方を航行してもらい、その後ろを恐る恐る航行することになっている。

中国や北朝鮮そして韓国などは、日本が平和な船体だけであることを熟知しているから、米国が本格的に乗り出してこない〈中規模程度の嵐〉を次々と日本に送り込んで、経済・技術などをむしり取っているのである。

つまり北方領土にしても竹島にしても、経済絡みの外交だけでは決して取り戻すことはできないし、尖閣に至っては中国に侵略奪取されてから、初めて自衛権の行使として、多大の犠牲を払って奪還作戦を行わなければならないのである。

(2) 核を持つ「統一国家」の脅威

平昌《ピョンチャン》五輪の直後、北朝鮮の金正恩は米国のトランプ大統領と2018年6月12日に首脳会談を行って世界を驚かせた。会談では北の非核化や弾道ミサイル等について話し合ったが、北とすれば米国の迫る「核や弾道ミサイル放棄」を表面的には受け入れても、リビア方式による核や弾道ミサイル放棄は、直ちに受け入れることは無いであろう。

なぜなら北朝鮮は、先軍政治の軍事独裁体制で維持してきた国家だからである。金正恩が米国の要求する核や弾道ミサイルを完全に放棄することを受け入れた場合、軍部は体制維持が困難となるため、中国の後ろ盾の下に核やミサイルの完全破棄には承服しないであろう。核と弾道ミサイルの一部は、国際社会監視の下で破棄するが、残りは隠蔽したり核技術者や製造装置等を中国に移転させ、設計図も温存することは間違いない。もちろん、中国も全面的に協力するはずである。つまり再度の核製造は容易にしておくはずである。

北朝鮮の弾道ミサイル技術は、西側諸国が考える以上にかなり高度な水準に達していた。２０１７年11月に、大陸間弾道ミサイルの能力ある「火星《ファソン》15」を高度４５００キロにまで打ち上げ、日本の経済水域内に落下させワシントンにも確実に届く性能を見せた。

さらに２０１７年９月には５回目の核実験を行ったが、その威力は広島型原爆の16倍以上もあると分析されている。つまり「水爆」を保有したとして北の人民は快哉を叫んでいる。

宇宙空間は通常地上１００キロ以上が宇宙圏となるが、問題は４５００キロ上空から地球に落下してくると、大気圏への再突入で１５００度以上の高熱となるが、北朝鮮の弾道ミサイルの弾頭は耐熱技術によって燃え尽きずに海上に落下している。このロフテッド軌道を持つ弾道ミサイルを撃墜することは、海上イージスや陸上イージスでは難しく、まして地上配備のＰＡＣ-３では極めて難しいことが分かっている。

ムスダンや火星などの発射成功を受けて、日本政府の国家安全保障会議は「国際社会による経済制裁の強化」、「６ヵ国協議が現実的」、「落下に備えてＪアラートを急げ」としているだけで、日本が独力でこれを完璧に打ち落とせる技術を開発せよといった対抗策は無い。

しかも中国も北朝鮮も力を背景とした外交も極めて巧みである。平昌五輪を契機として、北朝鮮と韓国は一気に平和ムードになり、両国ともに同一民族の和解を強調し統一を前進させようとしている。元々、北朝鮮生まれで親北政策を進める文在寅《ムンジェイン》大統領であるから、北の呼び掛けに対しては経済援助を惜しみなく与えて、統一を実現する方向に向かうであろう。韓国の国民もごく一部を除いて、北朝鮮主導の外交に満足している様子が窺える。

トランプ大統領は、北朝鮮の非核化を強く求めているが、北朝鮮にしてみればやっとの思いで開発保有した核爆弾を破棄するはずはない。実際、韓国の超明均統一相は２０１８年10月に、北朝鮮が既に20～60個の核爆弾を保有しているとの情報当局の話を伝えている。

仮に事実とすれば、米国には10個ほどの核爆弾を破壊する現場に立ち会わせ、残りは温存するであろうし、米国の専門家も核爆弾を製造する場所も従来の「寧辺」とは別にウラン濃縮施設が平壌近郊にあると分析している。

しかも、北朝鮮は核兵器や長距離弾道ミサイルを破棄はしても、従来から日本を照準している「ノドン」２００基の破棄は言明していない。長距離弾道ミサイルの破棄で米国は安全を確保するかもしれないが、日本は依然として脅威を受け続けることになる。

ともあれ、北朝鮮主導による統一国家は中国やロシアが歓迎するところであるから、今後の韓国は米韓同盟から離れて中露に接近することが予想される。その時には、核と弾道ミサイルを保有する反日統一国家が出現する可能性が現実となり得るのである。その時期は、中国の経済力が米国を凌駕する２０３０年頃と予測される。

実際、韓国の文大統領は、トランプ大統領との会談で「米韓同盟は存在するが、韓日同盟は存在しない」と明言しているように、日本を完全に敵視しているから、日本と同盟するよりも北朝鮮との統一を選択する方向に向かうと見なければならない。

日本にとって「統一国家」の出現は反日政策を加速させ、政治・経済・技術、そして軍事的に大きな脅威として圧《の》し掛かる危機的状態に陥る危険がある。当然ながら拉致問題は解決せず、日本周辺海域での違法漁業などデメリットばかりの危険な国家の出現となる。

では日本は、こうした中国や南北統一国家からの脅威を防ぐにはどうすればよいのか？　考えられる一つは、外交面で言えば、南北統一国家の出現に併せて、台湾、マレーシア、インドネシア、ベトナムなどとの連携を強化する必要がある。特に、親日国である「台湾」に関しては、日本は米国を説得して「台湾」を国際社会に復帰させ、復帰したら「日米台同盟」を締結し、統一朝鮮に備えることが必要となる。

同時に防衛面でも、米国に依存せずとも自力で専守防衛を果たせる防衛力を開発保有する必要がある。経済面でも、中国経済に依存せずとも、「モノ創り」によって世界が求める製品やサービス業を創り上げる必要がある。まずは安全保障である。

投資先の無い日本、特に経済界や財務省は中国の「一帯一路」政策に投資しようと意気込んでいるが、目先の利益に目が眩《くら》んでいるとしか思えない。徹底的に利用されるだけで、いずれ惨めな結果になることが見えていない。

(3) レーザーは魔法の杖

1960年代に米国のノイマンがルビーレーザーを発明して以降、炭酸ガスレーザーや半導体レーザーが開発されるなど、次々と新たな励起（発生）装置が開発されてきた。

我々日本人にとってレーザーは親しみのある言葉である。例えば、日常使われている光通信からプリンタ、材料加工、切断、ホログラフィ、核融合、距離計測、非破壊検査、レーダー、美容・脳外科・眼科・歯科治療を始めとする医療など様々な分野で幅広く利用されている。

レーザーは、現代科学の中では「魔法の杖」と言われるほど広く応用されているが、民生用レーザーに関する技術に限っては日本が最も得意とする分野で、その技術力は現在世界一と言ってもよいほど進んでいる。

日本のレーザー技術はパワーを必要とする工業用のみならず、微細技術を必要とする医療用レーザー技術においても欧米を凌駕している。既に新薬開発にとって不可欠な「X線自由電子レーザー」も、欧米諸国より大きさも価格もはるかに優れた装置を作り出している。

また日米欧の先進国では石油危機

レーザーの種類とパワー

レーザー名	波長(ミクロン)	用途　※備考
炭酸ガスレーザー	10.6	レーザー加工　※軍事用
ヨウ素レーザー	1.315	光通信(遠距離用)
半導体レーザー	0.83〜1.3	光通信、Lディスク　※赤外線
ガラスレーザー	1.06	レーザー核融合
ルビーレーザー	0.694	レーザーレーダー
ヘリウム・ネオンレーザー	0.633	精密計測
銅蒸気レーザー	0.51	ウラン選鉱　※色素レーザー励起用
アルゴンイオンレーザー	0.488	ディスプレイ
チッ素レーザー	0.337	
キセノン・塩素エキシマレーザー	0.308	※紫外線
クリプトン・フッ素エキシマレーザー	0.248	※軍事用
アルゴン・フッ素エキシマレーザー	0.193	光化学反応
自由電子レーザー	0.1〜0.001	核融合　※軍事用
ペタワットレーザー	0.1〜0.0001	核融合
X線レーザー	0.0000001	※軍事用

1ミクロン=1000分の1ミリ　　『科学技術白書』などから作成

が発生した数十年前から、地球上に「人工のミニ太陽」を作り出し、その膨大なエネルギーを電力に変換しようとする「核融合炉」の研究で凌ぎを削ってきた。この核融合炉の研究では、ソ連が開発したトカマク型と日本が開発したレーザー型が研究の中心になっているが、レーザー型核融合技術では大阪大学核融合研究センターでの実験が世界の注目を集めている。阪大が開発した現今では最も強力な「ペタワットレーザー」を照射すると、核融合反応を引き起こすが、このペタワットレーザーの温度は１０００兆ワットという高温である

特に核融合を励起する手段として使用する「自由電子レーザー」は、仮に水平に照射した場合、５０００キロ彼方まで光を収束させたままで到達する能力がある。しかもこのレーザビームは塵の多い大気圏の中でも、真空である宇宙空間の中でも、曲がることなく直線で突き進むことができる優れものである。しかも、その速度はほぼ光と同じ速度である。

自由電子レーザーを作り出すためには大型加速器が使われるが、この加速器の中には、多数の永久磁石がＳ極とＮ極に規則正しく配置されている。電子が進入してくると電磁石のためにジグザグ運動を強いられ電子が光子に変わる。これを両端にミラーを取り付けた共鳴箱で発振させるとビームとなって飛び出るが、波長は３・４ミクロンから10ミクロンまでの高い出力を出すことができる。

欠点は膨大な量の電気を連続して必要とすることと、電磁石を多数並べるために加速装置が数十メートルと長大となり、重量も50トン近くなることである。だが効率良くかつ軽量の磁石を「日立マグネティック社」が開発したことで、自由電子レーザーの研究は一気に加速され、米国の主要なレーザー研究所は全て日立製の磁石を使用しているほどである。

既に米国では、宇宙エレベーターの動力としてレーザー光を利用するべく、日立製の磁石を使ったエンジンを開発して実験を繰り返している。

自由電子レーザーの研究開発を進めれば、長さも30メートル以下、重量も20トンで同じ出力が出せるまでに小型化できるので、電力を供給する小型原子炉さえあれば電力を連続して容易に得ることができるようになった。筑波エネルギー研究所では、２０１４年に「超小型原子炉」を開発した。数千キロメートル先にまで届く「自由電子レーザー砲」を連続して使用できるので、宇宙空間から飛翔してくる核弾道ミサイルを、陸自の駐屯地内やイージス艦そして巨大宇宙船にも搭載できるようになる。

自由電子レーザーは１９８０年代中葉で、スタンフォード大学では40億電子ボルト、コーネル大学では80億電子ボルト、ロシアのノボシビルスク研究所では22億電子ボルト、ドイツのデシイ研究所では50億電子ボルトを達成し、１９９０年代になると日本の筑波にあるエネルギー研究所では３００億電子ボルトの自由電子レーザーを作り出している。

それゆえ長距離からの弾道ミサイル撃墜や、宇宙船または艦艇に搭載して使用するには、小型の原子炉さえあれば自由電子レーザーが最も有効なレーザー砲となろう。

10年程前に、あるレーザー研究所所長に確認したところ、仮に自由電子レーザー砲をイージス艦に搭載すれば、海上を這うように突進してくる巡航ミサイル（時速８００㎞）を撃墜することが可能と明言している。

だが、これほど重要かつ世界でも最も進んだレーザー技術に関して、経済産業省は２０１４年に中国人研究者を共同研究の名目で受け入れてしまった。これでは新幹線技術やリニアモーターカー技術同様、中国に簡単に窃取されてしまうであろう。親中政治家や親中官僚は、中国の恐ろしさが全く解っていないようであるが、安倍政権は真剣にこの共同研究を見つめ直す必要がある。

政権を担当する政治家は、こうした案件をキチンと精査して反日国家（中国、韓国、北朝鮮）の技術者や研究者、そして技術系学生だけは、国家機関であれ民間研究機関であれ、そして大学においても戦略的ハイテク分野には制限する規則を、欧米同様に制定しておく必要がある。

レーザー技術を窃取されることは、新幹線技術やリニアモーターカー技術の窃取よりもはるかに重要な国益であり、安全保障と経済利益をもぎ取られることを真剣に考慮しなければならない。

（４）環境保全、医療、ＢＣ兵器にも対応

一方、前述したように医療用や美容外科用としても、また環境保全用としても各種のレーザー装置が次々と開発されてきている。新薬開発用としては、「Ｘ線自由電子レーザー装置」があるが、米国ではスーパーコンピュータの次に国家戦略技術として巨額の予算と研究者を投入して開発している。

次に、レーザービームは環境汚染の基となっているダイオキシンやＮｏｘ（窒素酸化物）、そして悪臭や炭疽菌などを浄化・殺菌することもできる技術である。この技術は米国立ローレンス・リバモア研究所とカリフォルニアのタイパーズ社が、有害物質浄化装置「ゼトロン」を共

同開発したが、これは、ＰＭ２・５のように、工場から排出される煤煙や悪臭等の有害排煙を浄化するほかに、生物・科学兵器として使われる各種の毒ガスや黴菌も浄化する能力を持っている。

２０１４年9月に突然噴火した御嶽山は、火砕流によって60名近い死者を出し農作物にも被害を与えたが、噴煙となった火山灰はガラスの微粒子から成っていて人間の目や喉そして肺などに有害である。だが、強力なゼトロンを１００台程度揃えて、噴煙に向かって照射すれば多くを消滅させることができよう。

かつて１７０７年に富士山宝永噴火が起き、大量の火山灰が降って農作物に甚大な被害を生じた。噴火による降灰は東の風に流されたが、御殿場で30センチ、神奈川県全域で16センチ、東京湾沿岸部では8センチ、千葉県では4センチとなり茨城県の東海第二原発付近まで達していた記録が残っている。

また１９１４年に爆発した桜島の大正噴火では、溶岩流で島が大隅半島と地続きになった。火山灰は九州全域と、北東の偏西風に乗って四国・中国・近畿・東海・北陸・関東から宮城県にまで達し、火力発電所、鉄道、空港と農産物そして庶民の生活全般に多大な損害を与えた。現代社会には、火力発電所のみならず各種通信設備を始め新幹線や高速道路、自動車や一般家

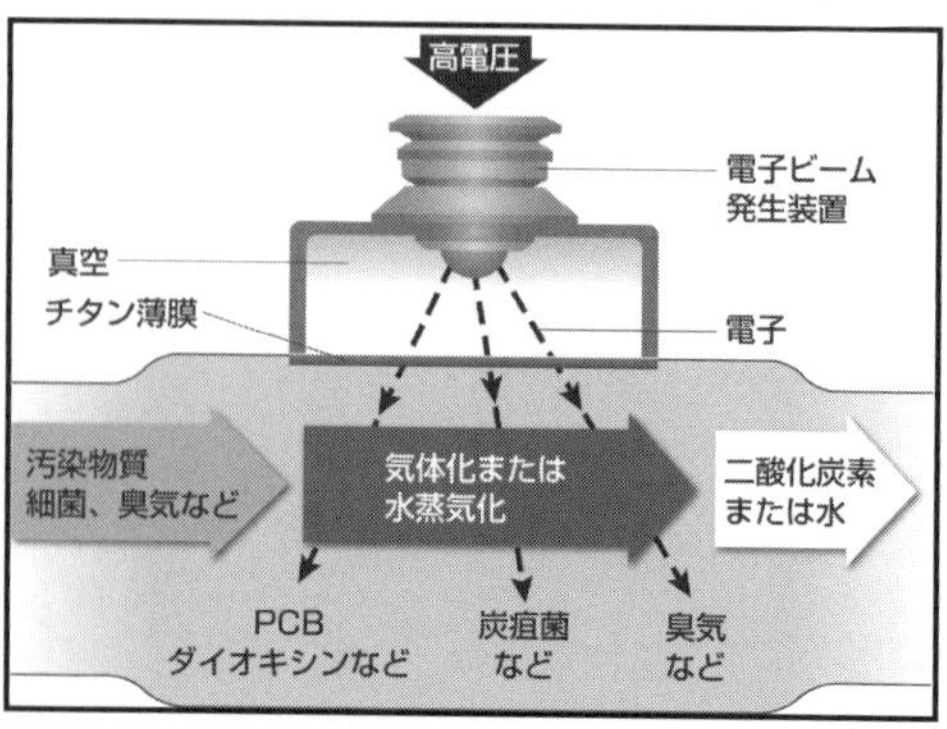

有害物質浄化装置「ゼトロン」

庭が利用する太陽光パネル等があり、火山灰の被害は大正時代の比ではない。

２０１４年10月に神戸大学の研究チームが発表した「巨大カルデラ噴火」は、１００年に１％の確率で九州地方を中心に発生すると予測したが、最悪の場合、１億２０００万の日本人口が死滅するとしている。理由は九州地方から東北地方にまで20～80センチ以上もの火山灰が降り積もり、発電所を始め家屋や社会インフラが壊滅するからである。

火山噴火による被害は日本だけではなく、太平洋やインド洋を囲む地域は火山帯が走っているために、火山噴火による火山灰被害で農作物の他、飛行場や航空機の飛行にも障害が出て、国際物流にも多大な影響を与える。

次に花粉以上に深刻となっているのが、中国から飛来する汚染物質を含むＰＭ２・５である。この酸性の微粒子は、煙突の煤や粉塵などから発生し目や喉そして肺を傷めるだけでなく、雨と一緒になれば酸性雨となって淡水の生物を死滅させ山林を枯らしてしまう。

日本ではＰＭ２・５の健康被害の基準を35・０マイクログラムとしているが、北京を始め中国の大都市は常に３００～４００マイクログラムもあり、酷い場合は６５０マイクログラムにまで跳ね上がる。実際、２０１５年12月、北京で一斉に石炭ストーブを焚いたために、ＰＭ２・５は７００マイクログラムにまで達し、警戒度を最高の４にまで上げている。

さらに黄砂の被害も年々大きくなっているが、日本は黄砂被害を食い止めるため「植林事業」として中国に１００億円を支出し、日本の苗を持参し若者も訪中して植林を手伝うなど10年以上に亘って援助をしているが、中国政府は日本の親切を戦争での損害賠償の一環としてしか評価していない。２０１５年11月には再び１００億円を支出して植林事業を支援しているが、感謝もされない事業に２００億円をドブに捨てるよりも、「ゼトロン」装置を開発し、まずは国内の火山灰や杉花粉対策と、中国から飛来するＰＭ２・５や黄砂対策に充てる方がよほど有益である。

インドの場合も、急速な近代化のために中国以上にＰＭ２・５等の大気汚染被害が深刻化しており、他にも近代化を急ぐ多くの新興国や途上国でもＰＭ２・５問題は今後一層増えると予測されている。

ともあれ、地球の温暖化は様々な要因があるが、最も大きい要因は化石燃料を使用することが原因であることが分かっており、「気候変動に関する政府間パネル（ＩＰＣＣ）」によれば、今世紀末までに年間１４８兆円の損失が出ると予測している（読売新聞、２０１4年2月28日付け）。

ゼトロンのような装置を大量に設置すれば、こうした環境問題もクリアできるし、国際テロ組織がサリンのような化学兵器や生物兵器を使用した場合にも即座に対応が可能となる。地球の温暖化を止めるために化石燃料を削減させ、有害物質を除去するためにはゼトロンの開発に全力を傾注する時に来ている。日本が小型のゼトロンを開発できれば、世界各国に輸出できるし、巨額の外貨を獲得することにもなる。

ただ、その開発は一民間企業に任せるのではなく、国家政策の一環として国が企業と一体になって開発を進める必要がある。各種の先端産業にとって不可欠な集積回路やＣＰＵなどが、米国や韓国にシェアを奪われた経験を、政府は戦略的技術として生かすべきなのである。

3．レーザー技術世界一をなぜ生かさない？

（1）核ミサイルを玩具にするレーザー砲

核兵器は絶対兵器として恐れられるがゆえに、国連安全保障理事会メンバーの5ヵ国全てが保有するし、インドやパキスタン、イスラエル等も自国防衛の名目で保有をしている。だが、核兵器そのものは自力で動くことはできず、必ずミサイルや爆撃機などによって運搬されなくては核爆弾の威力は発揮できない。この弱点を突ければ核兵器は怖くない。この運搬道具を阻止できるのがレーザー砲である。

核爆弾を搭載した巡航ミサイルはマッハ１（約1キロ／秒）、戦闘機の最高速度はマッハ２・5（25キロ／秒）、そして核弾道ミサイルが高空から目標地点に落下する際、大気圏再突入時の最高速度が25キロ／秒（マッハ25）である。

これに対してレーザービームの速度は32万キロ／秒で、光の33万キロ／秒とほとんど変わらない速度であり、弾道ミサイルが出せる最高速度を7万倍も上回る。世界でトップを走る民生用レーザーを防衛用として開発すれば、核弾道ミサイルでさえ確実に撃墜することが可能となる。しかもレーザービームは人命を一切損傷しない兵器であり、戦争反対論者にとっても理想的な兵器なのである。

米国は１９８３年に、ソ連から米国へ向かって飛翔してくる核弾道ミサイルを撃墜する実験のために、４００キロ上空のスペースシャトルに反射鏡を備え、地上からレーザービームを照射して反射させる実験に成功した。そこで、宇宙空間で弾道ミサイルを迎撃できるとして、レーガン大統領は１９８５年に「戦略防衛構想（ＳＤＩ＝Strategic Defense Initiatives）」を計画し、日本も参加したことがあった。

ソ連は驚いて自国も対抗しようとしたが技術的困難と巨額の費用のために諦め、その結果政権まで崩壊してしまったのが１９９１年であった。米国もＳＤＩは技術的に困難な上に金がかかるとして１９９２年には研究開発を止め、「ミサイルディフェンス（ＭＤ）」に替えてしまったものが現在も続いているのである。

２０１８年１月末に、日米は共同開発した弾道ミサイル防衛用の改良型迎撃ミサイル「ＳＭ３ブロック２Ａ」の迎撃実験を行ったが失敗したと発表した。成功していれば、海自のイージス艦や陸上配備の「イージス・アショア」に配備される予定であったが、ミサイルによるミサイルの迎撃は依然として困難なことを示している。

一方、米国はビーム兵器をいくつか開発してきているが、それらは①粒子ビーム兵器、②プラズマビーム兵器、③電磁波兵器、④レーザービーム兵器などである。

敵の戦車部隊や戦闘機群、あるいは海軍機動部隊などの軍事施設を一挙に破壊する場合には、粒子ビームやプラズマビーム等の方が圧倒的に有効であるが、その場合には兵器のみならず、兵器を操作する人間を含む部隊全ての殺傷も伴うことになる。日本としては人員殺傷を伴なう粒子ビームやプラズマビーム等の開発は、予防のための研究段階に留めておくべきであろう。なぜなら将来は人工衛星や宇宙船あるいは原発などに対して、妨害を目的とした粒子ビームやプラズマビームによる攻撃を無しとはしないため、少なくともこれらのビーム攻撃から防御できるだけの素材や回避方法の研究は進めておく必要があるからである。

しかし、レーザービームの場合は、対象とする攻撃兵器の一点にだけビームを照射し兵器や通信装置の機能を奪うだけであるから、軍事施設を破壊すること無く、従って人員の殺傷を伴わない。

(2) レーザー砲の種類

これまでに米国が開発し実用化した、または実用化しつつある軍事用レーザービームの種類は、①炭酸ガス、②化学、③フッ化クリプトンガス、④自由電子などのレーザー兵器がある。

第1に炭酸ガスレーザーは、ビームの中ではもっとも簡単な装置によって発生させることができるレーザーである。米国は1975年にニューメキシコ州にあるカートランド空軍基地で、炭酸ガスに電気を放電させて5キロワット、波長10・6ミクロンの赤い中赤外線を発生させ、耐火レンガに5秒間の照射を行い穴を開けることに成功した。これ以降、炭酸ガスレーザーは各種産業界でも利用されてきている。

軍事用としても、米国は既に1990年代初頭に、戦闘機から発射されたサイドワインダーミサイルをレーザー砲で撃墜している事実がある。但し、この時点では100%の信頼性はなく、また遠距離から侵入してくる弾道ミサイルや戦闘機などに対して、当時のレーザーではパワーが不足することもあって開発は中断されていた。

ところが、米海軍は2012年7月になって2011年に退役した駆逐艦に100キロワットのレーザー砲を設置し、1カイリ(1・8キロ)離れた小型船舶の船外機にレーザービームを照射して炎上させることに成功した。将来の計画としては1メガワット級の自由電子レーザーを搭載し、厚さ6メートルの鋼板を1秒で貫通させることを目標にしている。

この成功を受けて2017年現在、ロッキードマーチン社やレイセオン、そしてGD社などが開発を進めており、米軍は戦闘機や爆撃機そして装甲車などにレーザー砲を搭載して効果を試している。特に輸送機「AC-130J」に搭載したレーザー砲は、かなりの成果を挙げていると伝えられている。いずれ戦車や装甲車に設置すれば、PKOなどの紛争地でも活躍するであろう。

一方、日本の場合は、宇宙空間に飛翔する「宇宙デブリ」について、2014年にフランス側から日仏共同で100キロ先のデブリをレーザービームで除去したいと申し入れがあり、2015年以降、現在も開発を進めている。これについては後述する。

また韓国もイスラエルから技術協力を得て、2010年11月には、北朝鮮から発射されると考えられる多連装ロケットを迎撃する兵器を開発したと発表している。ただ現在は出力が弱く、数十メートル離れた目標物体を破壊する程度だが、将来はノドンミサイルを撃墜できるまでに性能をアップできるとしている。

第2の化学レーザーは、ペンタゴンが1980年代に推進した「アルファ計画」において、フッ化水素を燃料として5メガワットの高エネルギーを発生させ、5000キロ彼方の目標に照射させるものであった。ただ化学レーザーの欠点は、大気中を進むとエネルギー減衰を起こすため宇宙空間に配備した方が確実性はあるが、燃料補給の点で難点がある。但し、装甲車や艦艇に配備すれば、燃料を絶えず補給できる上に、維持・点検が容易というメリットもある。

米海軍が立ち上げた「シーライト計画」では、中赤外線新型化学レーザーのテストで、2・2メガワットの出力に成功している。米国は、化学レーザーを使って1980年代から、自国の老朽化した人工衛星に照射して破壊する実験を行い、何度も成功してきた。

日本における化学レーザーは、あくまでも研究用であるが、フッ素と重水素などによって発生させ、波長2・7〜3・0ミクロン、2メガワットの出力を出している。

ただ各種化学レーザーは、効率の割に燃料を大量に必要とする上、ヨードを使用する以外の化学レーザーは、猛毒ガスを発生する欠点がある。数千キロ彼方の弾道ミサイル1発を照射撃墜するには、約250キログラムの化学燃料を必要とし、100発のミサイルを撃墜するには25トンも必要となる。従って、化学レーザーの場合は、地上に固定して対応する方が適している。

第3に、ガスの一種であるフッ化クリプトンガスレーザーは、フッ素、クリプトン、塩素、アルゴン、ヨード、水銀などを媒体とし、その波長は0・5〜0・19ミクロンで極めて強力である。このガスは緑青色をしていて、宇宙空間はもちろん大気中での貫通性もよく、数千キロかなたの大気中に雲やチリなどがあってもエネルギーが衰えることはない。

そのうえ、他の化学レーザーよりも効率がよく、短い時間内に反復して照射できる。また大型化することによってコストも安くなるという利点を持っている。
米国では1983年に国立ロスアラモス研究所が、0・25ミクロンのフッ化クリプトンガスレーザーの照射に成功している。また日本においても記述の如く核融合反応の目的で開発に成功しており、米国のよりも高い出力を誇っている。

第4が前述した自由電子レーザーで、日本の場合には核融合における励起手段として開発をしているが、世界では最も進んでいる。

自由電子レーザーは核融合を起こさせるほどのパワーを持っているが、レーザービームを発生（励起）させるには、強力な電力供給が必要であり、そのためには原子力発電所と、電気をレーザービームに変換するための装置が不可欠である。

レーザービームに変換するには、電気を大量の巨大な磁石をS極とN極に並列した中を通過させる必要があり、この励起装置だけで長さが50メートル、重量も数十トンとなる。但し、前述したように日立マグネティック社が小型で強力な磁石を開発したため、励起装置は大幅に小型化している。

また、原子炉も筑波エネルギー研究所が既に超小型原子炉を開発済みなので、これらを併せれば両者を地上の駐屯地にも艦艇にも搭載が可能となっていることは前述した通りである。

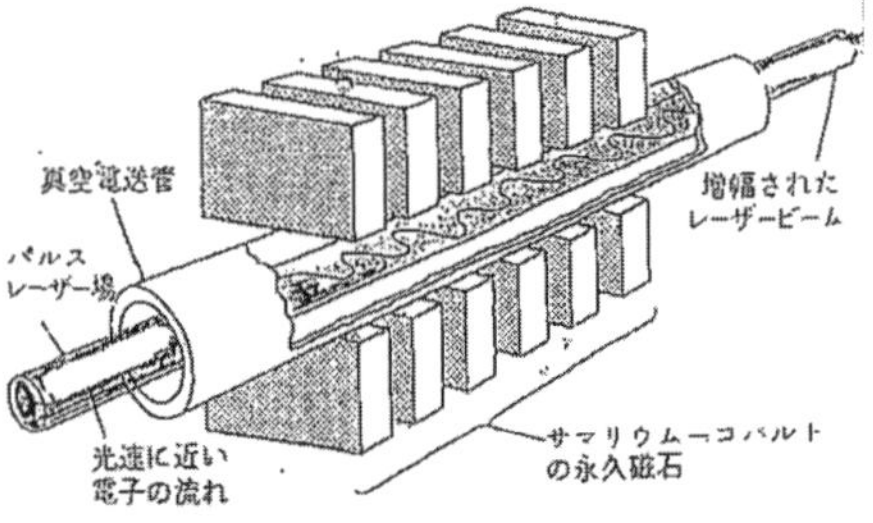

自由電子レーザーの励起

（3）長距離レーザー砲も創れる日本

日本のレーザー研究開発には平成30年度に87億円の開発費が充てられたが、このレーザーはドローンや小型飛行機を撃墜することを目的としている。ただ、日本の技術力を以ってすれば、数千キロ先の宇宙空間を飛翔する弾道ミサイルも確実に撃墜する「自由電子レーザー砲」の開発は十分に可能である。問題は開発費だけである。

仮に、日本が３０００キロ先まで届く「長距離自由電子レーザー砲」を開発できれば、日本各地に15ヵ所ある陸上自衛隊の大規模駐屯地内に設置が可能となる。そうすれば、中国や北朝鮮からの核弾道ミサイルが飛来したとしても、日本海上空に差しかかる時点で確実に撃墜できることとなる。また１００キロ先に届く短距離レーザー砲ならば、あらゆる通常兵器（戦車、軍艦、戦闘機）の機能を破壊できるので、国土防衛は完璧となる。

現在の能力ならば、イージス艦に設置した自由電子レーザー砲ならば、日本の排他的経済水域内で、３０００キロ彼方からの弾道ミサイルも撃退できよう。但し、宇宙空間を秒速25キロほどで飛来する弾道ミサイルを探知するためには、早期警戒衛星とＸバンドレーダーの配備が不可欠である。早期警戒衛星もＸバンドレーダーも、現在、同盟国である米軍が日本に配備しているものを利用してもよいし、日本独自に開発しても2～3年で完璧を期すことができよう。

また、レーザービームは飛翔してくる弾道ミサイルの先端部に照射するのではなく、弾道ミサイルの胴体部分に数秒間、照射し続ける必要があるが、数十発が同時に飛来する場合は、陸上の駐屯地とイージス艦にあるレーザー砲の全てを稼働させればよいことになる。

そこで問題となるのが照準技術である。もっともレーザービームの照準技術は、スペースシャトルが飛び始めた１９８０年代には、米国は地上から宇宙を飛んでいるスペースシャトルに備え付けた「鏡」に向けて何度も照射して成功している。宇宙空間で地球上を周回するスペースシャトルの速度は、弾道ミサイルよりはるかに遅いから、これを捕捉することは極めて容易であった。

レーザービームはミサイルと異なって、目標物体を破壊するには、物体の動きに合わせて空中に向けて数秒間ビームの照射を続けなければならないが、その場合、追跡のために必要な角度は、０・１マイクロラジアンである。１ラジアンとはビームの照準が目標物体を追うに従って動く角度を表わす単位のことで、地上から狙うには約60度である。１マイクロラジアンとは、１ラジアンの１００万分の１であり、０・１マイクロラジアンとは、１０００万分の１に当たる。つまり、ビームの照準と追跡は、約60度の１０００万分の１の精度でビームを導く必要がある。

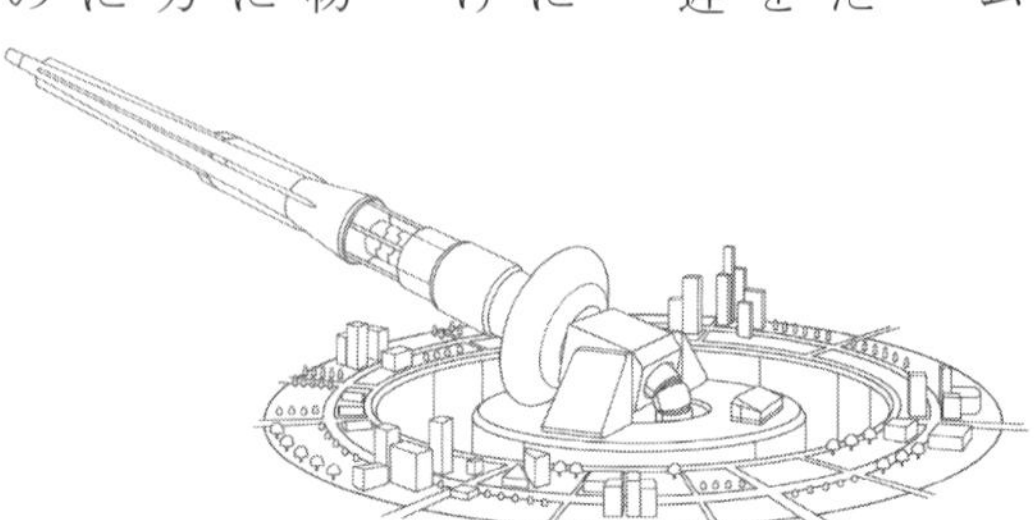

長距離自由電子レーザー砲

この照準と追跡を正確に行うためには、極めて精度の高い羅針盤と照準計を合わせたようなジャイロスコープが要求されるが、米国では既に１９８０年代末にＳＤＩの開発過程で実験室段階ではあるが、この技術を完成したと言われている。その精度は、例えて言えば東京からライフル銃で、７００キロ離れた姫路城天守閣のシャチホコの尾の上に乗せた10円玉硬貨を、確実に打ち落とすことができるほどであると言われている。

いずれにしても、探知・追尾・照準・照射の装置や技術は米国がそのプロトタイプ（原型）を完成し実用化しているので、日本が開発した大型レーザー砲と交換に米国から供与を受けることも可能である。

さらに照準を導く技術として重要なものに、「精密度誘導センサー」（ＦＧＳ）があるが、これは弾道ミサイル本体の動きを知り、その情報を姿勢制御装置に伝えて宇宙望遠鏡を備えた照準器を常に目標の向きに固定し、ビームの照射を的確にする技術である。日本の技術が先端を切っている「量子コンピュータ」を、レーダーや誘導センサーに結びつければ、確実に飛翔中の弾道ミサイルを捉えることが可能となる。

長距離レーザー砲は戦略兵器であるから、日本の国是に会わないと主張する人がいるかもしれないが、日本は既に弾道ミサイル防衛として米軍と共同でミサイルディフェンス（ＭＤ）を開発配備している。但し、日米が配備しているＭＤの最終迎撃ミサイルＰＡＣ-３は80％ほどの撃墜率であるから、一刻も早く１００％の確率となるレーザー砲に変える必要がある。

北朝鮮の弾道ミサイルに対して、ミサイルディフェンスと陸上イージスで防衛できるとしているが、完璧ではないのである。なぜなら、万一、中国や北朝鮮と軍事紛争となった場合、彼らは１発ではなく同時に１００発以上もの弾道ミサイルを発射してくる可能性もある。その場合、陸上イージス２基やイージス艦の迎撃ミサイルでは対応できない。だが、レーザー砲ならば１基だけでも７万発以上の弾道ミサイルを撃墜可能だからである。

政府は、陸上イージスを秋田県と山口県の２ヵ所に配備することを決めたが、設置場所の自治体は反対している。だが、レーザー砲ならば、既存の陸自の駐屯地へ設置するだけでよく、特定の自治体の土地に設置する必要はない。

また、米朝会談での「非核化」を受けて宥和ムードが出てきたこともあって、野党にはミサイルディエンスの「ＰＡＣ-３」さえも撤去せよとの動きがでている。しかし、米朝会談のメインテーマは核兵器と米国まで届く長距離弾道ミサイルの破棄であって、北朝鮮が日本を照準している２００基ほどの「ノドンミサイル」の破棄を議題にはしていない。ノドンは射程１３００キロもあり、北朝鮮はこれらの攻撃で東京を「火の海」にすると脅しをかけているのである。ノドンの存在を忘れてはならないのである。

さらに、日本を無言の圧力で脅し続けている中国の核弾道ミサイル「東風-21」は、発射されれば10分程度で日本に到達するが、たとえ１００発を同時に発射しても、長距離レーザー砲を日本各地の駐屯地に10基ほど設置してあれば、発射されてから日本に向かうことが明らかとなる成層圏飛翔中の段階で、確実にレーザー砲の餌食となって撃墜されてしまうであろう。

事実、ロシアも中国も２０１８年現在、レーザー砲が開発・実用化される期間が未定として、現有の核弾道ミサイルの性能向上と、核兵器の超小型化そして原潜や車載などへの配備と、軍事衛星からの誘導技術に全力を挙げている。

（４）現行憲法下でも保有できるレーザー砲

それでは日本は、現行憲法下で「レーザー砲」を開発・配備できるであろうか。もちろん、できるのである。現行憲法９条では対外的な軍事力行使を禁じているだけで、日本国家の防衛のための個別的自衛権は否定していないからである。

事実、日本は２０１６年２月、北朝鮮の弾道ミサイル「ムスダン」発射に備えて、日米が開発したミサイルディフェンス（ＭＤ）のＰＡＣ-３を配備し、日本海や東シナ海にスタンダードミサイル装備のイージス艦を配備する対応を取ったが、民進党（当時）も共産党も護憲派も、反米的メディアさえ誰一人として反対した者はいなかった。あくまでも国家・国民を守るだけだからである。

自民党は２０１８年９月に行われた総裁選挙に、憲法改正問題を選挙争点の１つに上げたが、安倍首相によると憲法９条の１項と２項を残し、新たに３項で自衛隊の存在を認める項目を追加するとしている。９条１項を残すのは問題ないが、２項を残したままで３項で「軍事力行使のできる自衛隊」を明記するのは、論理的に正しくなく整合性が取れない。

しかしながら、防衛のための「レーザー砲」ならば、９条１項・２項を残しても敵と交戦することなく、侵略を企てる相手の戦力を使用不可能とさせることができるのである。なぜなら、奇襲的に攻撃してくる弾道ミサイルも含めて、レーザー砲は現行のミサイルディフェンス（ＭＤ）における迎撃用のスタンダードミサイルや、ＰＡＣ-３と全く同じ役割を果たすことができるからである。

それゆえ、憲法9条2項を残すのであれば、レーザー砲の開発も早急に進めてミサイルディフェンスの代わりに配備する必要がある。なぜならレーザー砲こそ、戦争を嫌い平和を愛する日本人にピッタリの防衛装備なのである。敵基地を攻撃したり激しい戦闘行動をしなくても、日本に接近するだけで相手の攻撃能力を無効にしてしまうからである。

また核兵器を日本の国土に落とさずに、日本の上空1万メートル上空で核爆発を行った場合、直接的に国民の殺傷や各種インフラは無事であっても、核爆発によって生じる「電磁パルス」が、コンピュータを始めとする通信機器や電気機器に大打撃を与え、日本経済は完全に麻痺して数週間は生産活動も消費活動も全て止まってしまう。自由電子レーザー砲を開発保有すれば、たとえ核弾道ミサイルが飛来しても、日本海上空の排他的経済水域に差しかかる時点で確実に撃墜できるので、完全な国家防衛の実現を見ることができよう。

またレーザー砲は、日本の排他的経済水域に侵入してくる戦闘機や艦船の航行装置のみを使用不能とするだけで、兵士を一切殺傷しないから、恨みや報復感情を醸成しない有用な技術なのである。

国連総会は、2017年6月に核兵器を法的に禁止する「核兵器禁止条約」の決議を行い123ヵ国が賛成したが、日本は米国の核の傘に入っているために、米露中などの核兵器保有国とともに反対を表明せざるを得なかった。唯一の被爆国である日本が、核禁止条約の成立に反対するという苦渋の選択をして、被爆者団体から失望されたが、レーザー砲さえ保有してしまえばこのような矛盾した決定をせずともよいのである。

ニューヨークタイムズ紙が米朝首脳会談を受けて、宥和ムードが進んで米国がアジアから撤退すれば、日本は核武装を真剣に考えるであろうと報道しているが、レーザー砲を保有すれば核開発などは必要ない。核兵器はたとえ「脅し」のためであっても決して保有してはならないと考える。

自由電子レーザー砲は、日本独力で開発が可能であるが、日米同盟のよしみで日米共同開発がよく、完成の暁にはこれを米国が世界の軍事紛争を撲滅するために使用することで、中国とロシア以外の国は、米国による世界の警察官復帰を歓迎するであろう。

政府は、２０１８年度のレーザー研究に87億円をつけたが、この程度の金額ではドローンや小型飛行機を撃墜する程度の能力しかなく、３０００キロ先から飛翔してくる弾道ミサイルには対応できない。毎年３０００億円を注ぎ込んでも一刻も早く完成させる必要があろう。

4. 米国の核依存から脱却できる

（1）米国への核依存が不要となる

長距離レーザー砲が開発されれば軍事的効果のみならず、その政治的効果は計り知れないほど大きく、日本に多くの恩恵をもたらすことになる。

その中でも第1の効果は、〈核の傘が不要になる〉ことで、米軍駐留の理由が大幅に減少することである。

米国が日本に米軍を駐留させる最大の理由は、中国やロシアなどの核ミサイルから日本を防衛することが第一義的な目的である。だが1972年の米中国交回復以降も米国が沖縄駐留などに拘《こだわ》るのは、中国に対してよりも中東地域への兵力派遣にとって極めて都合がよいからである。もっとも、レーザー砲を多数設置して弾道ミサイルは防衛できても、中国のように数万人規模で離島に上陸侵攻してくる部隊に対しては、レーザー砲だけで対処できないから米軍の駐留も従来ほどではなくても必要である。

ただ核への依存が減少したことで、沖縄本島全土に散在する米軍を、辺野古を中心としたキャンプ・シュワブ付近に集めることはできよう。また米軍にとって大切な軍用機の発着訓練などは、辺野古沖合に設置される新たな海上滑走路の他、場合によっては下地島にある滑走路を利用してもよいであろう。

１９７２年に沖縄が本土に復帰したが、米軍の駐留は続けられ、その結果、米軍兵士による事件・事故が絶え間なく起き、住民は常に物心両面で被害を受けてきている。しかしながら、本土側の国民は沖縄住民の痛みを真剣になって考慮せず、米軍駐留の代償を除去する手立てを考えてこなかった。しかしながらレーザー砲が開発配備されれば、従来のような駐留体制を続ける必要はなくなる。

かつて１９９０年代に沖縄駐留の米海兵隊司令官ヘンリー・スタックポール中将が中国当局に、米軍が日本に駐留するのは、日本が危険な軍事国家となることを防ぐために「ビンの蓋」の役割をしていると述べたことがあるが、彼は米国が日本に押しつけた憲法の意味が全く解っていない人物であった。

現在、米国の核に依存する日本は、安全保障問題は言うに及ばず、国際外交を始め通商・貿易、空路の選定、科学技術の推進、時にはスポーツ問題に至るまで、米国の鼻息を常にうかがいながらの政策を進めざるを得ない。それゆえ、核の依存が無くなるだけでも、自主性が大きく回復されよう。

第２の効果は〈財政的観点〉からで、米軍が現在の半分でも日本から撤退できれば、トランプ大統領の懸念する米軍駐留費も大幅に減るから、大いに歓迎されるに違いない。

また、日本は同盟関係をスムーズに進展させるために、米国製兵器を大量に輸入してきた実績もあるが、トランプ大統領によれば、日本はまだまだ米国製兵器が少ないとして購入を迫っている。

さらに、日本は駐留米軍に対して「思い遣り予算（米国ではホスト・ネーション・サポート）」まで出して、米軍の財政を支えてきているが、米軍が大幅に撤退すれば、その必要も無くなり、双方にとって歓迎されることとなる。思い遣り予算は米国が財政難となった1978年に62億円でスタートしたが、現在では3300億円となっている。一方で、日本政府は米軍基地を置くことの代償として沖縄県に「振興予算」として毎年3000億円以上を支出しているが、2016年度は3350億円を支払っている。立憲民主党や共産党などが沖縄住民の苦痛を一刻も早く除去したいのであれば、「レーザー砲」の開発を進めることをこそ政府に迫るべきなのである。

第3の効果は、〈五大国の拒否権が不要となる〉ことである。「核兵器」を保有している五大国が国連安保理事会で拒否権を振りかざす特権が、意味のないものとなるからである。

もっとも、日本がレーザー砲を保有し、米軍が大幅に縮小した後は、日本は米海軍がこれまで行ってきた西太平洋から南シナ海、マラッカ海峡からインド洋・ペルシア湾までのシーレーン防衛を、海上自衛隊が肩代わりしなければならないのである。それが米軍撤退の代償であり義務なのである。但し、護衛艦の全てに「レーザー砲」を設置するため、護衛艦の通航を妨害するような軍事的行為を仕掛ける国があっても、全て相手を破壊したり兵士を殺傷することなく排除できるため、相手を威嚇することもなく、したがって軍事紛争に発展することもない。

それゆえ、レーザー砲の配備後は、国土防衛は陸上自衛隊に任せ、海上自衛隊はペルシア湾までのシーレーン防衛を、そして航空自衛隊は宇宙軍として米軍とともにインド・太平洋を防衛すればよいことになる。

レーザー砲の配備ができなければ、米軍基地の縮小や駐留に反対すべきではなく、米軍への思い遣り予算も続けなければならない。

（２）領有権と拉致問題を解決する

米国は軍事的な力を背景として、取り敢えずは金正恩の非核化政策を推進する結果をもたらした。だが、北朝鮮に拉致された日本人被害者を救出するには、未だ長い時間が必要であり拉致被害者も家族も高齢化し、悲嘆は未だ続くと見なければならない。

拉致問題に関しては、外交交渉や国際社会からの圧力だけでは無理である。なぜなら中国では毎年20万人の子供が誘拐（拉致）され、米国においても１万人以上の子供が誘拐されているから、拉致被害者の救出は国際社会の良識に頼ることは無理で、日本が独力で実施しなければ永久に帰還させることはできない。

というのは、拉致問題では北朝鮮が虚偽を貫き通してきており、国家としてのメンツもあるため、日本の要求を素直に呑む可能性は極めて低い。また拉致は安全保障事案ではなく、「犯罪行為」であるから、米国の軍事力や国際社会からの経済制裁で解決し難い事情があるからである。

北朝鮮の非核化や弾道ミサイル問題が解決すれば、もはや米国も国際社会も初期の目的を達成したことになるため、拉致問題は北朝鮮の人権意識に待つしかなく、日朝間の外交案件として手を引かざるを得ない。

拉致行為は犯罪であるから、救出の手段として考えられるのは北朝鮮が進める「先軍政治」を利用することである。北朝鮮は軍事独裁国家であるから軍人を大切にしているが、この軍人を堂々と拉致すればよいのである。犯罪行為に対して日本は「警察権」を発動すればよいことになる。北朝鮮は日本の警察権を発動させないよう「軍事力（ノドンミサイル）」で阻止しているが、レーザー砲で北朝鮮の軍事力を抑え込んだ上で救出するしかない。

警察権発動に当たっては、まず長距離レーザー砲で北朝鮮の核弾道ミサイルや、ノドンミサイルを完全に無効とする体制を整えた上で、大型ヘリコプター十数機に、短距離レーザー砲と警察特殊部隊を乗せ、38度線周辺で警備の任務に就いている北朝鮮兵士50人ほどに、上空からレーザービームを照射して気絶させた上でヘリで拉致するのである。その上で、テレビ・ラジオそしてビラを使って、北朝鮮政府と兵士そして人民達に兵士50人を拉致した事実と、引き換えに日本人拉致被害者を帰還させることを提案すればよい。先軍政治を標榜する北朝鮮政権は、拉致された兵士を無視はできず日本人被害者を帰還させざるを得ないであろう。

あるいは他の手段として、金正恩とその側近の護衛者達が会議中やゴルフ場にいることを特定した上で、護衛者達の戦闘力を短距離レーザー砲で奪い、その上で警察特殊部隊を降下させて国家元首達を一纏めにして大型ヘリ内に拉致してしまえばよいのである。但し金委員長を拉致しても、軍事政権側が「どうぞ勝手に処分してくれ」と回答する可能性もあるので、金委員長の拉致効果は期待できないかもしれない。

一方、ロシアの場合には旧ソ連時代に日ソ中立条約を破って敗戦間際の日本に侵攻し、日本人を58万人（ロシア側の調査）もロシアに強制連行した上、強制労働に従事させた結果、５万５０００人以上もの日本人を死亡させたが、それについては一切の謝罪も賠償もなく、あまつさえ北方領土を占拠したままである。むしろ実効支配を強化するために、ロシアは「千島列島発展計画」では、２０１６〜２５年の９年間に７００億ルーブル（１２８７億円）を投じて、インフラ整備を進めるとしている。これに韓国企業が協力をしている。

さらに、２０１５年12月にロシアのショイグ国防相が明らかにしたところによると、択捉・国後両島には新たに３９２の軍関連施設を設置する計画があり、２０１８年現在も進めている。但しロシア国民のほとんどは、北方領土問題を知らないため無関心である。

それゆえ、まずロシア世論を動かすことが必要であるが、日ロ国民の交流を増やし、ロシア世論に訴えることが重要で、レーザー砲はなるべく使いたくない。ロシアは少しずつ民主化されており、日本を理解する国民も増えてきているからである。

さらに安倍首相がプーチン大統領に提案した、北方領土に関する経済開発８項目は、ロシアにとっても魅力であり、時間はかかるが確実に両者の思惑を一致させることが可能であるから、これにも期待をしたい。

だが、竹島を勝手に占領している韓国の場合は、韓国政府のみならず韓国民も小中華思想に固まっていて、日本を敵視しているから話し合いによる交渉は不可能である。それゆえ、竹島の奪還には短距離レーザー砲で韓国軍の兵器類の全てを麻痺させた上で、実効支配を取り戻すしか方法はない。

また中国は、日米安保条約が２０１３年に第５条を「日本の施政権下にある地域に敵が侵攻した場合は、侵略とみなして日米が共同して撃退する」と明文化したため、軍事力を以って侵攻ができなくなった。そのため、中国は尖閣諸島の実効支配を目指して公船や漁船を大量に繰り出す「サラミ・スライス戦略」を取り、執拗に海警や大量の漁船を接続水域に繰り出し、日本があきらめるのを待っている。

だが、レーザー砲を備えた巡視船が、警告を無視して違法操業をしたり接続水域に侵入する中国公船があれば、レーザー砲で航行不能とする措置を取ればよいことになる。中国に実効支配の事実を国連や世界に認めさせないことである。

さらに、中国は日本の領海内で違法操業をしたり、排他的経済水域に無断で侵入して海底資源調査などを行っているが、海上保安庁の巡視船や偵察機がレーザー砲を搭載し、警告を無視する船にはレーザー砲で違法船のレーダーやアンテナ装置だけを破壊すればよいのである。航行手段を失った船は二度と再び違法行為をしなくなる。

また、凶悪犯罪者がナイフやピストルを振り回す事態が発生し、警察官も犯人を取り押さえることに苦労しているが、小型の個体レーザー砲ならば直接、犯人の体に照射すれば気を失うか、簡単に崩れ落ちて逮捕が容易となる。１００メートル先から発射できる「スタンガン」ともいえる。

一方、国連は世界の15地域にＰＫＯ部隊を派遣しているが、常に兵器に訴えて紛争が絶えないイスラエル・パレスチナ紛争、シリア紛争、そしてバルカン半島におけるセルビア・コソボなどの民族紛争に、短距離レーザー砲搭載の装甲車を配置すれば大きな力を発揮するであろう。

対立している双方に一人でも死傷者が出れば、必ず報復のための攻撃が繰り返されてきたことを思えば、人間を殺傷する機会を与えてはならないのである。もちろん、一方的なテロ行為として大量の女子を拉致するニジェールの「ボコハラム」戦闘員にも、レーザービームを照射して逮捕することもできよう。

海賊行為や反捕鯨団体による妨害行為などに対しても、短距離レーザー砲があれば人命を殺傷することなく違法行為を止めさせることができるため、国際社会からも高い評価を受けよう。

（３）防衛産業は再編・統合が不可欠

ところで、レーザー砲が実用化した場合は、弾道ミサイルや戦闘機などの高速兵器を使用不能にさせることはできるが、その他の通常兵器に対しては未だ完全に全てを阻止することは難しい。しかも現代社会が利用する各種の高性能機器が、実は兵器開発の過程から高度技術を得ている現実も理解しなければならない。

即ち、最先端兵器に利用される技術は「両用技術（DUT=Dual Use Technology）」として、民需にも軍需にも利用されている事実がある。２００２年にペンタゴンは世界各国の最先端技術を比較したリストを発表したが、発表は問題ありとしてその後は発表を控えてしまった。これを見て分かることは、日本は原子爆弾など製造したことはないが、原子力技術では中国より優れ、一部は米国をも凌いでいるのである。また、日本が宇宙開発用として持つ「イプシロンロケット」は、固体燃料を使うロケットとしては究極のロケットと世界から評価されている。

中国や米国などが恐れるのは、日本が決心すればイプシロンロケットを大陸間弾道ミサイルや中距離弾道ミサイルにも活用できるからで、これに日本国内にある原発40基から出る核廃棄物質を搭載すれば、立派な核弾道ミサイルになると懸念するからである。

つまり、技術の比較表から分かることは、日米両国が世界のハイテクの8割を独占していることである。さらに、米空軍工科大学がペンタゴンの要請に基づいて、21世紀の重要な軍事技術を調査したが、同大学研究陣が列挙した21の技術のうち19はDUTであり、純粋に軍事技術と言えるのはわずか3つだけであった。

第二次大戦後に開発された原子力発電やコンピュータ、ジェットエンジン、ロケット、レーダーなどは戦争中に軍事用として開発され、戦後になって民生用、例えばスーパーコンピュー

最新兵器を自力で製造する技術力

	米国	日本	中国
エレクトロニクス材料	●●●●	●●●●	●●
光エレクトロニクス	●●●●	●●●●	●
情報システム CAD/CAM	●●●●	●●●●	●
伝送システム	●●●●	●●●●	●●
生産機械	●●●●	●●●●	●●
ロボティックス	●●●●	●●●●	●
特殊機能材料	●●●●	●●●●	●●●
核兵器	●●●●	●●●●	●●●●
パルス及び高出力システム	●●●●	●●●●	●●
レーザー	●●●●	●●●●	●●
宇宙体センサー	●●●●	●●●	●●
海面及び深海潜水体	●●●●	●●●●	●

※●●●●＝すべて保有、●●●＝大部分　●●＝一部分
●＝ごく限定
出所：米国防総省・技術評価委員会（Defense Threat Reduction Agency）

タ、ジェット旅客機、人工衛星、気象用レーダー等に利用されたため「スピンオフ」と呼ばれている。

しかしながら、１９６０年代からは民生用として開発された技術が、兵器や軍事用に利用され始めている。これを「スピンオン」と呼ぶが、その例としては、ステルス、各種素材、各種レーザー、ＧＰＳ、魚群探知機など多くの民生用技術が軍事用に利用されている。つまり兵器技術も民生技術も、その基礎的な開発過程では軍事にも民生にもどちらにも応用が可能であり、１９６０年代からは「ＤＵＴ（Dual Use Technology＝両用技術、汎用技術）」と呼ばれるようになっている。

そしてハイテク兵器は、限られた国しか製造できないから、非製造国は製造国から輸入して国防に役立てる必要上、武器輸入国は輸出国に対しては、最大の友好関係を築こうとするし、輸出国は外交的にも自国陣営を増やしてきた。その意味では日本は長い間、武器禁輸政策を取ってきたことで、外交的にはマイナスだったとも言えよう。

ただ、武器輸出は１９９０年代に入ると中国や韓国を始めとする新興国が、高度な兵器を生産し輸出するようになったことと、冷戦終了の結果先端兵器の需要が減少したため、先進国の軍需産業は統合せざるを得なくなり、米欧諸国では２０００年までに統合・再編して合理的経営に乗り出した。

実は、㈶ＤＲＣは２００４年から０５年にかけて、欧米軍需産業の経営状態を調査したことがあるが、当時の軍需産業の損益率の基準は７％であることが分かった。そして米国軍需産業の平均は12％、中には40％の利潤を上げる企業もあった。

次いで英国が11％、フランスが10％、ドイツが９％、イタリアが７％であったが、日本の防衛産業は平均すると４・２％であった。日本の場合は大手企業がその余力で防衛生産を行っているために、赤字は民生からの補填で維持をしていた。このため、防衛生産に携わる中小企業の中からは、撤退する企業が多く出るようになっている。

世界が完全に平和な社会となっていない現在では、やはり国防のために兵器は必要なのである。その意味では、日本の防衛産業も合理化のために再編・統合は不可欠である。そこで開発される高度技術は、新たな製造業やサービス業を生み出し、産業界をリードしていくことになる。

従って防衛産業を無くしてしまえば、最先端の兵器製造から得られる諸々の科学技術が入手し難くなり、結果として優れた民生機器が製造できなくなる。レーザー砲にしても、いつかはこれに対抗できる新たな技術が生まれないとは限らない。

もっとも、レーザー砲が実用化し、世界から軍事紛争の脅威が減少した場合は、防衛産業は兵器生産から宇宙、海洋などで必要とされる製品や部品の開発・製造に、その技術力を振り向けることになっていくであろう。

その意味からも、防衛産業の再編・統合は必要であるが、無くしてはならない性質のものである。さらに、そうした兵器を使用する自衛隊の実態も、一般国民が理解できるように、観閲式や観艦式などを国民全員が見られるよう政府は知恵を絞る必要がある。

現在の観閲式や観艦式は、限られた人々しか見られないが、メガフロートをいくつも繋げれば数十万人が見ることができるのである。海上で観覧できるから、航空自衛隊の観閲式も同時に可能で、不便な立地にある航空基地よりもはるかに大勢の観客が楽しむことができよう。開催場所も、東京近辺だけでなく大阪、九州、日本海側などで、持ち回りで開催すべきで、多くの国民に知ってもらう必要がある。そのためには、現在の防衛費では不可能であるから、現在の５兆円から10兆円に増額する必要があろう。自衛隊主催の音楽祭も同様である。

国民の税金で運営されている公的機関は、国民の理解と協力を得るためにも、当該機関が行う各種イベントなどは、できる限り国民に見せて理解を深めてもらうべきである。反日的メディアの思惑などに左右されることなく、国民全員に国防の重要性を認識してもらう必要がある。

第2章

自力発進の巨大宇宙船を造れる日本

1．10年後に迫るアポフィス衝突の脅威

（1）アポフィスの地球衝突は無いと楽観するな

地球上の温暖化や各地で起こっている軍事紛争などを地球にとっての「内憂」とすれば、宇宙空間から突然地球に襲い掛かってくる小天体の衝突は恐ろしい「外患」であろう。

世界中の人々は、国際テロや民族紛争あるいは隣国との係争に目を奪われ、小天体（巨大隕石）が地球上に落下するなど、ほとんどあり得ないこととして意識の外にある。なぜなら、ニュースで話題になるような隕石落下は、数年に一度あるかないかの事案であり、ほとんどの隕石は洋上か砂漠などに落下し、人口密集地の都市に落下したことがないからである。

現在では宇宙時代の到来とばかりに、宇宙先進国は競って宇宙ビジネスとも言うべき「無重力体験飛行」、「国際宇宙ステーションへの往復旅行」、「月周回旅行」、「火星往復旅行」、「宇宙エレベーター」等々、目白押しのプランを進めている。

宇宙空間へ人類が飛び出して、地球を眺めたり月や火星に到達することは人類の長年の夢であったから、宇宙ビジネスが競争となるのも無理はない。しかし、同時に宇宙から危険な小天体（隕石）が地球上に落下してくる危険も増大してきているのである。そのうちの一つが「ア

ポフィス」である。

小天体「アポフィス」が２０２９年4月13日（金曜日）に、地球に異常接近することがＮＡＳＡを始め世界中の天文台から報告されているのである。さらに２０３６年にも再び地球に最接近する可能性も指摘されている。

２００４年6月19日、米国アリゾナ州にあるキットピーク国立天文台で、小惑星の探査活動をしていたハワイ大学のロイ・タッカー教授等によって、地球軌道に近づく小天体が発見され当初「２００４ＭＮ４」と命名された。

この小天体は直径が３２０メートルもある比較的大きい岩石で、「地球近傍小惑星（ＮＥＡ）」と分類されたため、世界各地の天文台が追跡調査を始め、ＮＡＳＡ（米国航空宇宙局）も科学者とスーパーコンピュータを駆使して計算した結果、驚くべき結果が出てきた。ＮＡＳＡはこの小天体「ＭＮ４」が地球に衝突する確率を３００分の１と発表したが、さらに詳細な分析の結果、最終的には45分の１（２・２％）と改めた。

なぜ地球に衝突する可能性があるかと言うと、通信衛星のような静止軌道上の衛星は、地球上空３万６０００キロに静止状態にあるが、10年後に近づく「アポフィス」は静止衛星より４０００キロも低い（地球に近い）軌道を通過するからである。

この小天体の存在が確認された後「アポフィス」と命名されたが、これは古代エジプトの悪神であるアペプをギリシア語でアポピスと呼び、ラテン語でアポフィスと呼ぶことに由来している。「アポフィス」は直径（長さ）３２０メートル、質量７・５×１０１０kgの巨大な岩石である。

もしも、アポフィスが320メートルの形状を保ったまま地球に落下・衝突した場合には、広島型原爆の100万倍（1億TNTトン）と同じ爆発威力を持ち、地上に衝突した場合は北海道ほどの大地を消滅させ、洋上に落下すれば1000キロ離れた沿岸にも高さ100メートルの巨大な高波が襲いかかるというシミュレーション結果が出ている。仮にアポフィスの落下が現実となった場合は、世界中の原発は沿岸部に立地している所が多いから、福島原発の被害をはるかに上回る世界的大惨事を引き起こす可能性がある。

しかし、NASAやESA（欧州宇宙機関）が、アポフィスは地球をかすめて通過するため、衝突の危険はないと発表したことで、世界中の人々は当面の危機は免れたとして意識の外に置いてしまった。だが、アポフィスは静止衛星の軌道より4000キロメートルも低い地点を猛スピードで通過するのである。しかも過去にそうした低軌道で地球をかすめた小天体は無い。

つまり、これほど低い軌道での接近となると、アポフィスは地球引力に引かれる可能性を否定できず、そうなれば巨大な岩石であるから大気圏突入でも燃え尽きることなく、過去の巨大隕石が地球上に落下して、恐竜を壊滅させた（?）ような事態が十分想定されるのである。

事実、2017年10月に発見された小天体「オウムアムア」は、太陽系以外から飛翔し、地球から5000万キロ離れた軌道を進んできたが、大きさは400メートル、幅40メートルという細長い小天体であり、速度が早かったために、太陽系惑星とはならずに飛び去った。ただ太陽の引力でその直線的な方向が曲げられ、地球の近くと言っても5000万キロ離れた地点を掠めて飛び去っている。

また1999年に発見された小天体「ベンヌ（Bennu）」は、直径487メートルで太陽系を時速10万キロの速度で周回しているが、２１３５年９月22日に地球に最接近することが判明している。もっとも地球衝突の確率は２７００分の１と予測されているから、脅威とはならないかもしれない。

それでもＮＡＳＡは、ベンヌの軌道を地球から逸らすために、今後10年の間に高性能火薬を積んだロケットを、50回に亘ってベンヌに衝突させることで、軌道を逸らす計画を立てている。

（２）直径１５０メートル以下の巨大隕石衝突を防ぐ手立てが無い

問題は、直径１５０メートル以下の小天体（ＮＥＡ）がいつ、いかなる地点にあって地球に衝突するか否かが全く予測できていないことと、仮に一週間前に地球衝突が避けられないことが分かった時、いかに対応するかが決まっていないことである。

まずはＮＥＡの発見だけに特化した望遠鏡を作製して宇宙空間から監視するしかないが、費用は11億ドル（１２００億円）ほどかかり、ＮＡＳＡの予算では賄いきれない。

プエルトリコにあるアレシボ電波望遠鏡（口径３０５メートル）を使ってＮＥＡの探査を行っているが、年間数百万ドル（数億円）の費用が必要であり、資金提供している米国の国立科学財団も財政が逼迫しているため、資金提供の中止を検討している。またハワイにあるハレアカラ天文台もＮＥＡの探査を行っているが、費用は年間50億円ほどかかっている。

２０１３年１月に、ロシアのチェリアビンスクに落下した隕石は、幸い湖に落下したため被害は３０００億円ほどで済んだが、この小天体は宇宙空間では直径が40メートルほどの大きさであったことが確認されている。だが、ロシアの宇宙機関もＮＡＳＡもこの小天体を地球（ロシア）に墜落する直前まで捉えることができなかった。実際、２００９年3月2日にも、直径40メートルの小天体が地球の６万キロ上空を通過したが、それが発見されたのはわずか3日前であった。

１９９８年に米国で映画化された「ディープインパクト」は、直径９００メートル程の小天体が地球に接近したため、これを細かく砕こうと決死隊が小天体に着陸し、核爆弾で２つに分裂させたが小さい方は海上に落下し、巨大な津波を生じて米国中西部まで飲み込んだ。そして大きく割れた部分が地球に近付いた時点で４発の核爆弾を爆発させ、粉々になった細かい隕石が地球に落下したが、皆流れ星となって消滅しメデタシメデタシで終わっていた。

小天体を核弾道ミサイルで破壊すればよいと思うかもしれないが、地球上空10万キロ付近で核爆弾を爆発させると、地球大気を守っているオゾン層や電離層を破壊するため、情報・通信機能を失うだけでなく、太陽からの紫外線を直接受けて人類も生物も生存の危機に晒されることになる。

ともあれ、直径１５０メートル以下の小天体の脅威に対し、国際天文学者などで構成する「地球防衛会議（Planetary Defense Conference）」が２０１７年5月に東京で開催され、世界中から天文学者が一堂に会して地球に接近する小天体を如何に発見するか、そして如何に進路を逸らすかについて協議を行った。

会議では、アポフィス衝突の可能性は少ないとし、１００~２００メートルの大きさの小天体を如何に発見するか、あるいは如何に地球への軌道を逸らすか、また如何に防ぐかが議論されたが、結論としてはロケットを衝突させて破壊するか軌道を逸らす案に落ち着いた。

しかも、この「案」が有力と思われたただけで確実というわけではない。アポフィスのように直径が３００メートル以上の小天体であれば事前に発見することはできるが、１５０メートル以下の小天体ではいつ突然に出現するか解らないのである。仮に３日前に地球衝突の可能性がある１５０メートルほどの小天体が発見された場合、宇宙開発国である日・米・露・中・ＥＵそしてインドなどが、持てる巨大ロケットを急遽準備しなければならない。

しかし、現在各国で使用されているのは、全長が60メートル前後の巨大ロケットで、これの組立から燃料注入までに要する時間は３日間では到底無理である。米中露などが設置している軍事用固体燃料ロケットには既に核爆弾が搭載されているから、これを外して通常爆弾を搭載するにも多くの時間がかかるから間に合わない。

わずかに日本が保有する個体ロケット「イプシロン」だけが、簡単な準備で対応が可能と思われるが、１基だけでは効果がないから普段から最低10基は用意しておくとともに、発射訓練をして即応体制にしておかなければならない。しかしながら普段から高性能爆薬を積載した10基ものイプシロンロケットを準備しておくとすれば、中国等が大反対するであろう。既に日本に対して24発もの核弾道ミサイルを照準中の国であるのに!!

ともあれ国際社会はもとより、日本国民も政府も、未だに「アポフィス」や「１５０メートル以下の小天体」の脅威を現実問題として捉えていないから、国家安全保障会議も内閣情報調査室も準備体制に入っていない。

ＮＡＳＡによれば、地球に衝突する可能性ある小天体は１万６０００個ほどあると言われ、このうち170個ほどはかなり衝突の危険があると説明している。万一、直径50メートル程の小天体が東京や大阪などの大都市を直撃したら、日本は一瞬にして荒廃した国家になってしまうであろう。

ＪＡＸＡでは、望遠鏡に写っていない宇宙空間を、多くの定点カメラで同じ場所を写すことによって、新たな小天体を発見する手法を開発し、国内に10万人いると言われるアマチュア天文家にも協力を依頼して、新発見に努めるとしている。

もちろん、情報を収集することは大事だが、同時に衝突を如何に回避するかにも全力を上げなければならない。

（3）急務の宇宙デブリ除去

さらに、「アポフィスの地球衝突」の課題を考えると同時に、現在の宇宙開発にとって切実な問題となっている宇宙デブリ（塵）の除去も喫緊の課題なのである。

宇宙ゴミは宇宙開発を進める過程で、人間が意図的に宇宙空間に捨てたものもあるが、不可抗力やケアレスミスなどによって、散らばってしまったものがほとんどである。

初の人工衛星が1957年に打ち上げられて以来、これまでに6000個以上の人工衛星が打ち上げられ、2015年現在3208個の人工衛星が地球を回っているが、いずれも低軌道と言われる地球上空2000キロメートル以下に集中している。

1980年代に米ソが人工衛星破壊実験を繰り返した結果、既に多数のデブリが地上200

キロ～３５００キロの宇宙空間に一団の雲状態で地球上空を周回している。そして現在、10センチ以上の破片は１万個、10センチ未満のデブリは数千万個ほどが宇宙空間を周回しているのである。そして老朽化した人工衛星などの破片は、２０１５年現在で３０００トンに上っており、今後の宇宙開発に大きな障害となりつつある。

スペースシャトルがミッションを行っている時にも、宇宙飛行中に何度も塵や小破片が窓ガラスに衝突している。過去13年間の飛行で92回も窓ガラスを交換しているほどであった。

加えて、２００７年１月、中国の弾道ミサイルによる自国の衛星破壊実験によって、新たに、大きさ10センチ以上のデブリ（宇宙ゴミ）が５１７個と、１ミリ以上のデブリ２００万個が、宇宙空間に広がってしまった。いずれの個体も秒速８キロの高速で飛翔しており、銃弾の秒速４００メートルよりもはるかに速く（マッハ10）、人工衛星やＩＳＳなどに衝突すれば大事故になるのは必至である。

２００９年２月にはシベリア上空８００キロで、米国の衛星電話用の通信衛星とロシアの運用停止していた通信衛星が衝突し、少なくとも10センチほどの宇宙ゴミが６００個ほど宇宙空間に散らばった。さらに２０１１年10月になって、米国とドイツの老朽化した人工衛星の一部が、地球大気圏で燃え尽きずに地球上に落下する事態が生じたが、米国の人工衛星が人間に当たる確率が３２００分の１、ドイツの衛星が２０００分の１と予測されて世界中の人々がヒヤリとした事件があった。

これまでにも、旧ソ連の「コスモス」、米国の「スカイラブ」、さらに米国の「軍事衛星Ｌ-21」が地球に落下しているが、小型衛星やロケットの破片などの「宇宙ゴミ」は、１日平均１

個は落ちて来ていると言われている。

これらのうち、1センチ大のデブリが衛星に衝突する確率は、高度700キロでは20平方メートルで5年間に0・1個である。これならば問題がないように思えるが、既に1996年にはフランスの人工衛星にデブリが衝突して機能を喪失させ、またハッブル望遠鏡の太陽電池パネルにも微小のデブリが衝突して穴を開けている事実がある。しかもスペースデブリの寿命は、高度600キロ上空の宇宙空間で30年間、1000キロ上空で2000年、2万キロ上空だと2万年であるから、現状のまま放置すれば今後2万年もの間危険がつきまとうことになる。

当然ながら、高度3万6000キロ上空に到達しなければならない通信衛星や気象衛星そして宇宙エレベーターなども、このデブリの中を突破しなければならないから、このままでは、数千年間の宇宙活動は大きな障害を抱えることになる。

スペースシャトル引退後の2011年以降、有人宇宙船は、どの国も宇宙飛行士を乗せるだけで精一杯で、宇宙デブリを除去するような装置を搭載する余裕がない。

2011年6月に古川聡さんが長期滞在のために国際宇宙ステーション（ISS）に赴いたが、到着してわずか10日もしないうちに、宇宙デブリがISSに衝突する危険が迫ったため、連結していたソユーズ宇宙船に緊急退避したことが報ぜられた。

この宇宙デブリを除去するために、元大蔵官僚の岡田光信氏が「宇宙の掃除屋」を目指して、「アストロスケール社」を2013年に立ち上げている。岡田氏のデブリ除去方法は、「掃除用」の小さな衛星をデブリに密着させ、エンジンを使って大気圏に突入させる方法で、数日から数年をかけて消滅させるというものである。

あるいは宇宙空間で塵を捕捉する装置として、千葉大が開発した「エアロゲル」と呼ぶ板状のシリカゲルがある。エアロゲルによる捕集方法は、宇宙の誕生時代から宇宙空間を浮遊している可能性のある塵だけでなく、地球上の火山による大噴火で宇宙に飛ばされ、生存している可能性のある微生物も捕捉の対象に入っている。

しかし、より確実な方法は、宇宙空間で人工衛星や宇宙ステーション、もしくは宇宙船に搭載したレーザー砲でデブリにビームを照射して消滅させる方法である。理化学研究所とフランスのエコール・ポリテクニクは、2015年4月から宇宙デブリを除去するために100キロメートル先の塵を破壊する「レーザー装置」の共同開発に乗り出している。このことは日本が100キロの射程を持つレーザー砲を開発する能力があることを示しているが、日本はあくまでも平和利用としているためにレーザー砲とは言わず、除去装置と呼んでいる。

100キロ先からマッハ10前後で飛翔してくるデブリは、ちょうど弾道ミサイルが宇宙空間を飛翔している姿と同じである。それゆえ、このデブリを消滅できるパワーあるレーザービームと照準技術が開発されれば、安全保障的には「短距離レーザー砲」を所有したことと同じになる。そして日本のみならず世界の平和にも大いに貢献することになるのである。

アポフィスが到来する前に宇宙デブリの除去を徹底的に行って、地球上空の宇宙空間を綺麗に掃除しておけば、宇宙開発も順調に行く上に宇宙監視レーダーも正確になるため、レーザー砲の訓練も兼ねてデブリ除去に力を入れる必要がある。

当然ながら、中国などが2010年頃から開発を進めている「キラー衛星」に対しても、照準技術とともにレーザー砲は有効である。キラー衛星とは軍事衛星の一種で、他国の衛星を攻撃して機能を奪う役割を持ち、当事国同士が軍事紛争の危機が高まった時、相手国の各種人工衛星を破壊し情報通信機能を奪うものである。

万一のためにも日本はレーザー砲の開発を急ぐ必要がある。

２．ロケットは宇宙開発の「主役」ではない

（１）ロケットの打ち上げリスクと構造上の欠陥

現在では宇宙空間へ人間を運搬する手段として、巨大ロケットが主役であり常識と言ってもよいが、人間を運搬する輸送機関としては、ロケットほど危険な乗り物はない。宇宙飛行士はいずれも死を覚悟して宇宙船に乗り込んでいるのである。

事実、２０１８年10月、ロシアがカザフスタンから打ち上げたソユーズロケットは、直後にエンジン不調で失敗し、宇宙船に乗っていた２人の飛行士はカプセルで緊急脱出する事故が起こっている。なぜ、ロケットによる打ち上げが人間にとって危険なのかと言うと、大きく分けて４つほどのリスクが挙げられる。

第１に、ロケットの「構造上」の欠陥である。長さが50メートル以上もある巨大ロケットは、一体成型されて造られているのではなく、数メートルごとに輪切りにされた状態のものを繋ぎ合わせてできている。このため、この繋ぎ目から化学燃料が漏れないよう、「Ｏリング」と言われる特殊ゴム（ゴムのパッキンのようなもの）を挟んでいるが、氷点下の温度に対しては固まりやすく柔軟性が落ちる欠点があり、冬季に打ち上げる場合は地上での温度が１度以上となる

午後が望ましいとされている。

１９８６年1月に、打ち上げ73秒後に大爆発したスペースシャトル・チャレンジャー号は、スペースシャトル自身に欠陥があったのではなく、巨大ロケットの胴体をつなぐOリングから燃料が漏れ、これがエンジンから噴き出る炎に引火して爆発を起こしたものである。

このOリングの製作に携わった米国モートン社の技術幹部は、ＮＡＳＡに対して氷点下での打ち上げをするとOリングが収縮し、そこから燃料が漏れる危険があることを指摘して、冬季となる1月での打上げ中止をＮＡＳＡに求めたが、度重なる延期で費用が嵩んでいたＮＡＳＡは警告を無視して打ち上げを強行し、大惨事を招いてしまった。

米国が２０２５年を目指して火星探検用に開発するアレスロケットの化学燃料の重さはゆうに２０００トンを超えている。このためＮＡＳＡでは、有人カプセルをロケットの頭頂部に載せることで、万一、Oリングから燃料が漏れても、宇宙船を直ちにロケットから引き離す安全対策を取っている。だが、ロケットの各部分を繋いでいるOリングの問題は解決していないのである。

米国や日本のみならず、有人宇宙船を打ち上げているロシアや中国も、Oリング問題を避けるため、打ち上げの時間帯を必ず地表温度が1度以上の時に決めている。もっともソユーズロケットは、１９７０年代に開発されて以来、Oリングによる事故は起こしていないし、ロシアからソユーズ技術を購入した中国の長征ロケットも、２０１５年まで、Oリングを原因とする事故を起こしていなかった。理由は、ソユーズロケットの大きさが、スペースシャトルを運搬した燃料ロケットよりは小さく、Oリングの収縮リスクを起こしていないからである。それでも２０１８年10月には打ち上げに失敗した。

さらに、ロケット発射基地は海を持つ国の場合は海岸付近に、海の無い場合は荒地か草原のように住居地から離れた場所にしなければならない。大量の燃料を燃焼させる１段目や２段目、あるいは補助ロケットは燃料を燃焼し尽くせば、不要の物体であるから切り離して投棄しなければならない。

２０１８年６月に日本の民間企業「インターステラテクノロジズ社」が小型ロケット「もも２号」を北海道から打ち上げたが、発射４秒で爆発してしまった。このロケットは液体燃料で推進力を得る構造であったが、エンジンが故障したための失敗であった。

しかし日本のロケットは打ち上げのために、沿岸部から数百キロ以上離れた海域は船舶の航行や漁業を禁止しなければならず、特に漁師に対して操業停止による損害補償も支払わねばならない。このため、日本の場合は出漁回数が比較的少ない冬季に発射するなど、年間の打ち上げ回数も制限されている。

（2）大容量の燃料からくる巨大振動問題

第2の欠陥は、宇宙ロケットの推進力が「液体化学燃料」に頼っていることである。液体燃料は液体酸素と液体水素を化合させるもので、日本を始め、米・露・中・欧州・インドなどの巨大ロケットで利用されている。

液体燃料の長所は、酸素と水素の化合であるから排気ガスには有毒物質を含まない利点がある上に、推力は固体燃料ロケットより大きく、その上推力の制御が容易で、一度停止したものを再度点火できることである。

　これに対して、ミサイル等に使用される固体燃料は構造が簡単で管理も容易であるが、一度点火すると燃料を全て消費するまで燃焼を停止させることができない。また液体燃料に比べて推力が劣るため、固体燃料は、常時発射可能な状態においておく軍事用か、宇宙ロケットの補助ブースターなどに使用されている。

　一方、液体燃料の短所は、エンジン内の燃焼が数十秒間で３０００度に達するため、ロケット本体にこの高温に耐える材料がなく、その対策として燃焼室の中に細いパイプを数百本めぐらせ、その中を極低温の液体水素を通して、それを気化させることによって熱を奪うシステムを取っている。このため、燃料を送り出すための高圧ポンプを始めとする複雑な配管システムを必要とするなど、１００万点もの部品を使用するために、構造が複雑で大きな振動などによって部品が外れたりする事故なども起こり得る。また燃料は液体化学剤であるから、通常はロケット発射の数日前にロケットタンク内に注入する必要がある。

　ところが、せっかく燃料を注入し終えても、漏れるケースが出てきたり、他の部品などに故障が見つかったり、あるいは天候が急変して発射が1週間後に延期を余儀なくされる事態が起きた場合には、ロケットタンク内に注入した化学燃料を全部抜き出さなければならない。故障が治り、天気が回復した時点で再び、ロケットに注入し直すので、時間と経費と労力がかかる上に、待機させせられる宇宙飛行士は精神的ストレスが溜まるので、健康にも良くない。

　第3の欠陥は、「打ち上げ時の巨大な振動」問題である。打ち上げ物体の重量が増えれば、その分ロケット本体と巨大な燃料タンクを必要とするのは当然である。

例えばスペースシャトルの打ち上げのために使用していた化学燃料の量は１９００トン近く必要であったし、日本の人工衛星「かぐや」(約6トン)を月へ送り込むために使用したＨ２Ａロケットでも、打ち上げに要した化学燃料は４００トンを超えている。

現在、各国のロケット本体は、長さが50メートル以上あるが、搭載物が5トン以上の人工衛星や機材を打ち上げるとなると、推力を増すために補助ロケットをいくつも本体の周りに取り付けなければならない。スペースシャトルのような80トン近い物体を運搬するには、巨大なロケット本体の他に外部燃料タンクを補助ロケットとして２個も取り付け、それらの背中にスペースシャトルを載せていた。

厄介なことは、ロケットが巨大であればあるほど、打ち上げ時の化学燃料搭載が増大することである。このため、化学燃料の燃焼による巨大なストレス(振動)によって、燃料タンクや打ち上げロケットの表面に貼り付けている断熱材が剥がれたり、Ｏリングを緩めたりする危険があり、剥がれた断熱材の破片がタンクやエンジンなどを傷つけたり、燃料洩れを起こす危険があることである。

他にも巨大振動は、宇宙飛行士の乗る有人カプセルの操縦系統で、部品の落下やボルトの緩みなどを生じる危険が常に付きまとう課題もある。

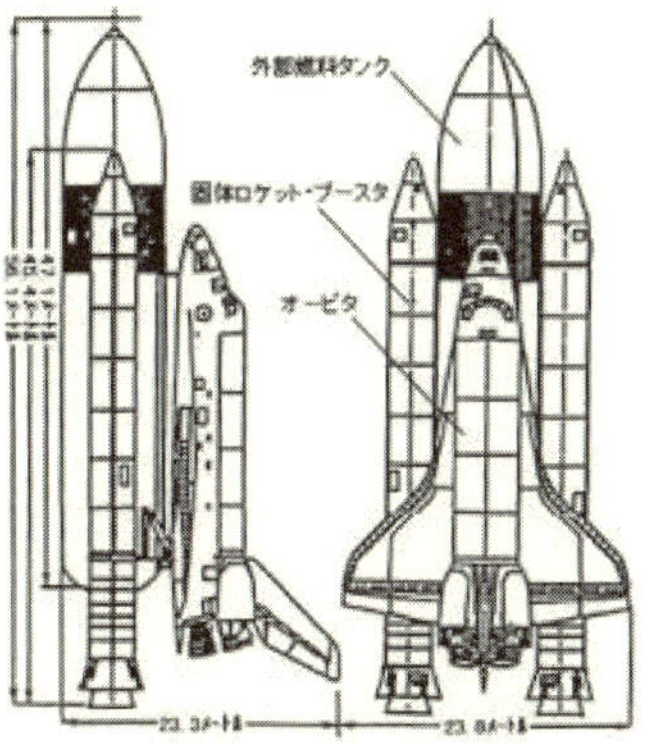

スペースシャトルの構造

実際、打ち上げ数十秒後に大爆発を起こす事故が2003年2月にスペースシャトル・コロンビア号を襲い、7人が犠牲となったが、これは打ち上げの際の振動で、コロンビア号の船体に貼り付けた「断熱材」が剥がれてタンクやエンジンを傷つけていたが、帰還するまで全く気がつかなかった。その欠損箇所に1500度の炎が侵入し、機体を爆発させたものである。

ロシアのソユーズ宇宙船や中国の神舟宇宙船が、これまで無事に宇宙と地球を往復しているのは、スペースシャトルほどの重量ではないことと、ロシアの技術が優れていることを証明していることになるが、それでも前述のリスクは常に付きまとっているのである。

(3) 天候、再突入、宇宙生活の課題

第4に「天候」の問題である。ロケットの打ち上げは、天気が晴朗で気温も1度以上という条件であることはもちろんであるが、宇宙から帰還の際も着陸地などの天候が荒れている場合は危険であるから、帰還を延長したり早めたりするケースはしばしば起こっている。

天候次第では、打ち上げが二度、三度と延期されるケースも珍しくはないが、待機させられる宇宙飛行士は、精神的ストレスは大いに高まって健康に良くないであろう。また天気晴朗だから打ち上げは安全とは限らない。ジェット旅客機でも、晴天の中を飛行中や、晴天の中を着陸態勢に入った時点でも、突然大気の不安定な状態が出現し、いわゆる突風となったり、激しい上昇気流や下降気流が発生するが、レーダーには捉えきれないケースがしばしば起こる。

第5に「帰還」時の大気圏再突入の問題がある。大気圏への再突入は宇宙船が突入角度を調

整しながら、大気との摩擦を極力避けることになっている。

宇宙船が大気圏に再突入する層は、高度１２０キロから80キロほどの空間で、機体にかかる空気抵抗が顕著となり、この時の速度はマッハ25（時速３万キロ、秒速25キロ）ほどになって、摩擦熱は１５００度以上となるが、時間にして約４分である。このため、シャトルを覆っている熱保護シールドが１５００度以上の灼熱と化し、通信も途絶える。コロンビア号は発射時の巨大振動で断熱材が剥がれていたが、この事故に気が付かずに大気圏に再突入したため、１５００度以上の火焔がシャトル内に侵入し、大爆発を起こしてしまった。

また大気圏再突入を無事に終えても、地上や海上に着地（水）の際にはパラシュートを使用するが、発射時の振動などで確実に開かずに絡まったり、ロープが高熱のために焼け切れていたりする危険もある。着地点が荒地や海上の天候が不順であれば、捜索にも時間がかかるなど飛行士の生命を脅かしかねない。

結局ＮＡＳＡは、Ｏリングからの燃料漏れや断熱材の「剥がれ」から発生する事故を避けるために、スペースシャトル方式を諦め、アポロ宇宙船と同様にロケットの頭頂部に有人カプセルを載せる方式に切り替えることにした。

以上、宇宙旅行に使用される巨大ロケットの主要な欠陥を列挙してきたが、これらの欠陥は原因が解明されているにも関わらず、その解決方法や手段が完全とはなっていない。さらに打ち上げコストの問題もある。

そして長期宇宙旅行にとっての課題は、宇宙旅行中の乗員の生活である。現在使用されている巨大ロケットは、最大でも7人が限度である。それゆえ、宇宙ステーションを建造したり月基地を建設するには、資材とともに3〜4人の宇宙飛行士を乗せた巨大ロケットを何度も打ち上げなければならない。

しかも月へ到着し帰還するには片道3日、往復で6日が必要だが、飛行士は宇宙船の中を移動するには重力がないため、体をロープなどで固定して移動しないと空間へ浮き上がってしまうし、人体を支える骨格を弱め、地球帰還の際は自力で立ち上がることができない。

２０１８年6月3日、宇宙飛行士の金井宣茂さんが、国際宇宙ステーションからソユーズ宇宙船でカザフスタンの草原に帰還した。彼が最初に発した言葉は「体が重い、改めて地球の重力を感じた」という感想だったが、一人では宇宙船から出られず、２人の人に支えられて出てきた。仮に宇宙船の船体を１００メートル以上の大きさにすれば、船内に「人工重力発生装置」を設置することができるので、宇宙船内での活動が地上と全く同じになる。

現時点では米国のマサチューセッツ工科大学が、３メートルの大きさのジャイロを1分間に28回まわし、地上と同じ１Gを得ることに成功している。日本のＪＡＸＡは直径34センチの装置を使って人工重力を造り出す実験を行っているが、予算不足のため米国のような大型装置を

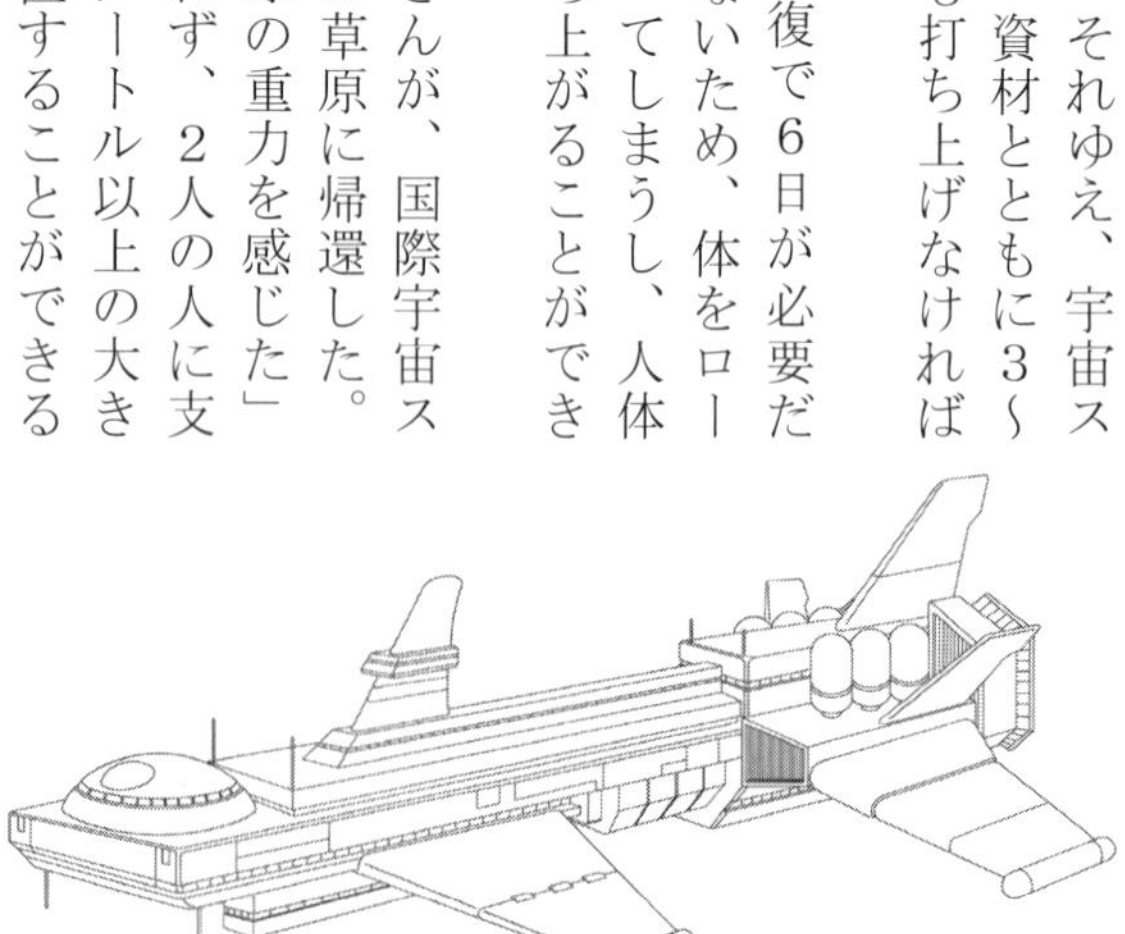

自力発進の巨大宇宙船

造ることができていない。

しかし建造される日本の巨大宇宙船の幅は６メートル程と想定しているため、随所に人工重力発生装置を設置することができ、宇宙空間での行動を地上と同様にできよう。人間にとって昼間は立ったり座ったりして働き、夜には体を横たえて眠ることは自然の摂理である。宇宙船内に人工重力装置が稼働すれば、地上での生活と全く同じになる。

一方、コスト削減対策として２０１５年に、民間ロケット会社「ブルーオリジン社」と「スペースX社」は、打ち上げ用ロケットの１段目を１００キロ上空から切り離し、落下してくる地上１５００メートルで脚を出して再点火し10分後に直立させたまま地上や海上の台上に着地させることに成功している。

１段目部分の再利用によって、これまで１００億円以上していた打ち上げ価格は１００分の１、つまり１億円で済むと期待している。再利用はコスト削減にはつながるが、有人カプセルの打ち上げ用に使用することは危険度が増すから使用しない方が無難である。

要するに、ロケットはたとえ出力を出すために２０００トン、３０００トンの燃料を搭載しても積載（宇宙船）能力は80トン（スペースシャトルの場合）程度であり、宇宙開発の主役とはなれないのである。

２０１７年11月に文科省傘下のＪＡＸＡは、ＮＡＳＡが２０３０年代に火星へ人類を送り込む計画の中で、月の周回軌道に中継基地を建設する「深宇宙ゲートウエイ構想」に相乗りし、月面に長期滞在するための居住棟建設を請け負い、「スリム計画」を生かして日本人による月面着陸を目指すことを発表した。

日本は相変わらず、他人の褌《ふんどし》で相撲を取る政策で宇宙開発を進めるようである。だが日本は、自力発進に必要な「スクラムジェットエンジン」や、「イプシロンロケット」、そして宇宙から帰還時の再突入に発生する「３０００度の高温に耐える素材」を既に保有しているのである。

これらの技術を結びつければ、世界初の自力発進できる宇宙船を建造することが十分可能になっている。以下に詳述しよう。

３．自力発進の巨大宇宙船を建造できる日本

（１）月・火星への旅行は巨大宇宙船が不可欠

宇宙開発先進国は、スペースシャトルの失敗に鑑み、宇宙飛行士を宇宙へ運搬するには、ロケットの頭頂部にカプセルを乗せる従来の方法が安全とし、多くの乗員を運搬できる大型ロケットの開発にエネルギーを投入することとなった。

従来の方法で地球から38万キロも離れた「月」に着陸を目指す場合、乗員を３〜４人にした場合でも、生命維持装置や水・食糧などを積載しなければならないため、ロケットの大きさは１００メートル以上の大きさと燃料が必要である。

これが火星までの往復旅行となると、往復するだけでも３年はかかるために、月面や途中の宇宙空間に宇宙ステーションを建設しなければならず、一国だけで全てを行うことは財政的にも技術的にも、多くの問題と時間が必要となる。多くの国が協力しても、火星に人類を下ろすには少なく見積もっても20年〜30年はかかるであろう。

一方、中国も独自の宇宙ステーション建設や月面着陸に利用するロケットを開発しているが、旧ソ連から購入したソユーズ宇宙船を基本にしており、そのロケットの構造はソユーズより全

長を長くし大型化している。それでも搭乗者は7人前後であろう。

中国が進める宇宙ステーションは、いちどきに大型資材を打ち上げたスペースシャトルが無いため、軌道モジュール、帰還用モジュール、推進モジュールの3つに分けたロケットを打ち上げ、宇宙空間でドッキングさせる方法を取っている。

推進モジュールは使い捨てられるが、軌道モジュールは周回衛星とし次回に打ち上げられる周回衛星とドッキングさせて宇宙ステーションを建設する方式を取っている。

また、帰還の方法もソユーズ宇宙船とほとんど同じで、大気圏に近付くと、帰還モジュールを分離して再突入し、高度10キロでパイロットパラシュートを開き、高度8キロでメインパラシュートを開いて速度を落とし、高度1メートルで4基の小型固体ロケットを噴射して衝撃を緩和させて着陸する。

しかし、この巨大ロケットを利用しての宇宙開発は、たとえロケットを巨大化しパワーをアップさせても、運搬できる人間や資材の重量は大きく制限を受けざるを得ず、しかも安全面から見ても極めて危険な方法なのである。

つまり、今後の宇宙開発の基本は、ロケットによる宇宙開発ではなく、地上もしくは海上から自力で発進し、帰還もパラシュートではなく翼を使って地上や海上に着地（水）できる巨大宇宙船の開発が不可欠なのである。

ところが、JAXAでは、米国が2020年代後半に月面に基地を設置する計画を発表すると、2018年8月に、日本もこの計画に相乗りすることを決定した。米国としては、月面基地計画には十数兆円もかかるため、日本やカナダなどに参加を呼びかけていたものである。

この計画に参加した場合、日本も独自に有人月面着陸機が必要となるため、４人の日本人宇宙飛行士をいちどきに月面へ送り込み、かつ地球帰還の際も大気圏突入の際には米国の宇宙船から切り離し、日本近海への着陸が必要となるため、地球帰還カプセルとパラシュートを開発することも決定した。

ただ現在のＪＡＸＡ予算では、２０２０年代の開発には間に合わず２０３０年代になると見込まれている。分担金として数兆円を負担しなければならないが、これだけの金があれば日本独自に地上から発進できる長さ80メートル規模の巨大宇宙船を開発した方が、はるかに有益である。

もっともＪＡＸＡは金のかからない研究として、２０１０年から全く新しい概念で宇宙旅行が可能となる「反物質ロケット」の研究に乗り出している。

反物質ロケットは光子ロケットの一種であるが、これは、「反物質」のエネルギーを利用した超高速の宇宙船で、２週間で火星を往復できるという夢のような宇宙船である。

これは、地球や人間を作っている普通の物質とは電気的な性質が反対で、自然界にはほとんど存在しない反物質を燃料に使うというもので、反物質と普通の物質を衝突させると、どちらも消えて光に変わる現象が起きると言われるが、この時生まれる光を反射鏡に受け巨大なエネルギーを得て前進するという。試算では、現行のロケットと比べて速度が１００倍、燃費は10万倍になるという。反物質ロケットの実現は数百年以上先の話ということであるが、「将来の技術革新を見据え、長期的な視野で研究開発を進めることが重要」としている。ＪＡＸＡの理事長（当時）も「将来の芽として、先端的な観点で取り組むのも面白い」として、研究会の設置を決めている。

研究だけで実験などの費用はかからないから、１００年先を見据えてゴーサインを出したものと思われるが、若い頭脳をＵＦＯのような宇宙船開発に向けるよりも、10年以内に実現可能な自力発進の巨大宇宙船の開発に振り向けた方が現実的である。

研究会は20～30代の若手研究者が主体となっており、「往復２週間の火星旅行」、「往復20年の太陽系外旅行」を目標に、技術的な課題と実現可能性を探ることになっている。ただ現在の素粒子物理学の常識からすると、反物質の世界は不可能である。かつては宇宙のどこかに反粒子から成る反物質の世界が存在するのではないか、という可能性が指摘されたことがあるが、これは１９５５年に陽子の反粒子である反陽子が加速器の実験で発見されたことがあったからである。

たとえ数百年後に反物質ロケットが完成したとしても、搭乗する宇宙飛行士の身体的課題も解決しなければならないだろう。現行ロケットが地上から宇宙空間へ脱出する際の速度がマッハ８以上であり、飛行士の体にかかる重力が５～８Ｇほどかかっている。それが１００倍の速度となるマッハ８００というスピードの中で、果たして人間は巨大な重力に耐えることができるかという問題が起こる。軟体動物のタコやイカの体であれば、多分耐えることが可能かもしれないし、映画などに出てくる宇宙人はタコのような体をしているから、高速で飛翔する円盤内でも耐えられるのであろう。実際、「空飛ぶ円盤」や「宇宙人」は、これまで各

反物質ロケット

国でビデオや写真などに撮られて公開されているが、空飛ぶ円盤の飛行形態は人類の開発した乗り物の動きとは全く異なり、空中で停止状態のホバリングをしていたかと思うと突然、目に見えない程のスピードで映像から消えている。

10年以上も前からＪＡＸＡやＮＡＳＡが実験を繰り返している「プラズマエンジン」は、電気をプラズマに代えてロケットを推進させる方法で、現行の化学燃料よりもはるかに早く宇宙船を推進できる。例えば、火星までの到達時間は2か月であるから、太陽系内の惑星ならば冬眠などをしなくてもよいことになる。ただ問題は、地上でプラズマエンジンを始動させた場合、乗員はいきなり数百マッハを身体に受けるから、この問題を解決しておく必要がある。日本の場合、巨大宇宙船の中に筑波エネルギー研究所が開発した超小型原子炉を積載できるので、宇宙空間の中で電力を造りプラズマエンジンを稼働させることができる。

ところで、なぜプラズマエンジンの開発に乗り出したのかと言えば、地球から4・2光年先に発見された「プロキシマｂ」という惑星が、ほぼ地球と同じ質量と環境にあることが分かり、将来の人類移住先として最適の惑星と判断されたからである。

ともあれ、まずは多くの人と物資を地上から宇宙へ運搬ができ、しかも何度も打ち上げができる上に、宇宙旅行も快適に過ごせる宇宙船の開発に全力を挙げるべきであろう。

(2) 巨大宇宙船技術をクリアしている日本

２０１８年9月に、米国の宇宙ベンチャー社の「スペースＸ社」のイーロン・マスク社長が、月周回旅行を２０２３年に行うと発表したが、その第一号の乗客として日本の衣料品通販サイト「ゾゾタウン」の前沢友作社長と契約を結んだことを発表した。

前沢社長は、月周回旅行には同氏の他に同乗者として、画家、芸術家、写真家、建築家など６～７人を無料で招待するとも表明した。スペースＸ社によれば、一回の打ち上げ費用は約５６００億円（50億ドル）になるという。前沢氏がいくら支払うのか明言しなかったが、常識的に考えれば一人当たり２０００億円はかかるはずで、７人とすれば少なくとも１４００億円ほどとなるであろう。

だが、これほどの打ち上げ費用をかけるならば、１００人を乗せて宇宙旅行を楽しむことができる「巨大宇宙船」を建造する方が効率的である。この巨大宇宙船を建造する技術力を日本は持っているからである。

２０１８年９月になって、日本のＪＡＸＡと三菱重工は、国際宇宙ステーションへの物資輸送として、重量６・２トンの「こうのとり」をＨ２Ｂロケットで打ち上げた。今回は、従来と異なって小型カプセルを南鳥島沖の海上で回収する予定である。

また、同じ日に、小天体「りゅうぐう」に到達していた「はやぶさ２」は、小型ロボットを２機投下させ、地上にジャンプして移動させせながら撮影にも成功した。この技術は世界初のもので、日本の優れた技術力を示したのである。しかも、「はやぶさ２」が地球に帰還する際に、突破しなければならない大気圏も、「はやぶさ１」のように、３０００度の高温に耐えることもできる技術を備えているから、帰還は全く問題がない。

こうしたハイテクを既に保有している日本は、地上から発進する巨大宇宙船の建造は問題なく着手できるのである。残念ながら科学者も技術者も、失敗を恐れてそうした挑戦に挑む気力が無いようである。政治家や文科省官僚はさらに臆病で、ハナから受け付けようとしない。

では如何にして巨大宇宙船を建造するのか。まず宇宙船の「船体」であるが、日本はロケットのボディだけでなく国際宇宙ステーションへ貨物を輸送している「こうのとり」も自力で建造している実績がある。「こうのとり」は長さが10メートル、直径６メートル、重量は６トンあるが、これを単純に10倍すれば、長さ１００メートル（80メートルでも可）、重量60トンの船体が建造できる。これに主翼と尾翼を付ければよいのである。

日本には既に「炭素繊維（カーボンファイバー）」があり、世界中の自動車や旅客機のボディに利用しているが、京都大学生存圏研究所と経産省は、新たな繊維を開発している。それが「セルロースナノファイバー（ＣＮＦ）」で、植物の細胞から造られている。このＣＮＦは、強度が鉄の５倍、鋼鉄の５倍、重さは鉄の７分の１で、熱にも強い上に炭素繊維より強く６分の１のコストで製造ができるという。現時点ではカーボンファイバーを利用した宇宙船でよいが、10年先にはセルロースナノファイバーを宇宙船ボディや、自動車の車体等への利用を考えてもよいであろう。

なぜなら近い将来の宇宙船は、全長３００メートルほどにもすべきであるから、強度や重量が従来の素材より優れていれば、宇宙旅行に必要な各種装置や資材・燃料を搭載しても、搭乗人数は３００人から４００人が十分可能となるからである。

次に、宇宙旅行にとっての最難関とも言える帰還時の大気圏再突入問題である。スペースシャトルは大気圏再突入時に備えて、１５００度の高温に耐える素材を張り付けて帰還をしてきたが、日本は既にそれ以上の高温に耐える素材を保有しているのである。

ソ連が、ガガーリン少佐を乗せた初の有人衛星を打ち上げてから61年が経つが、現在においても宇宙への有人輸送は「ロケット」で行われている。宇宙飛行士を搭乗させたカプセルを、ロケットの先端部に搭載して打ち上げる方式は、60年以上経っても変わっていない。

なぜかと言うと、宇宙へ飛び出すのは容易だが、帰還の際の大気圏再突入時の１５００～１８００度という高温への耐熱対策が解決されていないからである。しかしながら、日本は「はやぶさ」の技術で、３０００度に耐える技術を獲得したのである。

２０１０年に地球から60億キロ彼方から帰還した「はやぶさ」は、地球の大気圏再突入に当たって、数分間に亘る３０００度の高温に耐え、無事にオーストラリアのウーメラ砂漠に帰還した。ＮＡＳＡを始め世界中の宇宙開発国が目を剥いて驚いたほどである。

７年間に亘る宇宙飛行で、「はやぶさ」は燃料を使い果たしていたため、大気圏再突入の際に自力で最適な突入角度を選択できず、直接突入したため３０００度もの高温になってしまった。それでも４分間の３０００度に耐えて地球に帰還したのである。

この「はやぶさ」に使用した耐熱素材をカーボンファイバー製の宇宙船に張り付けてもよいし、直接船体と一体化させてもよいであろう。米国は太陽観測のための衛星を２０１８年７月に打ち上げたが、対熱温度は１８００度であった。

従って、当初は宇宙船の大きさは80～１００メートル、１００トンの重量であることが望ましい。仮に２００メートルの大きさの宇宙船で２００トン近い重量があっても、ジェットエンジンを２～４基装着すれば15キロ上空までならば数分で到達できる。ジャンボジェット機の満載時総重量は４５０トン、二階建てのエアバス３８０は５５０トン、アントノフ輸送機は６５０トンの重量であっても空気を利用できるので、翼さえあれば２００トンの重量のある宇宙船であっても全く問題なく15キロ上空に達することができる。

また、飛行艇が装着している「フロート」を宇宙船に６個ほど付ければ、海上や湖水からも離着水が可能となる。海上自衛隊が保有する飛行艇「ＵＳ-２」は、旧海軍から受け継ぐ優れたフロートで、波高３メートルでも離着水が可能である。米露中の飛行艇は波高１メートルでしか離着水ができない。フロートを装着した場合は、宇宙への発進港が北海道にあっても問題はない。なぜなら海上を船舶として沖合２００カイリまで航行してから宇宙へ飛び上がってもよいし、赤道まで洋上航行してから発進しても問題がないからである。

これらのエンジンやフロートは、15キロ上空に達した時点で、主翼を折り畳んで幅を半分にして収納してしまえば、その後の上昇飛行には影響がない。

最後に、巨大宇宙船の動力である。通常のジェット旅客機は地上15キロほどまでしか上昇できず、速度も最高マッハ１・２ほどである。しかし、１９８０年代からロケット打ち上げに使用する液体化学燃料をジェットエンジンとして利用すれば、理論上は最大マッハ16までのスピードを出すことが証明されるようになった。それが「スクラムジェットエンジン」である。

スクラムジェットエンジンは空気吸い込み式エンジンの一種であるが、ロケット燃料と同じ「液体水素」と「液体酸素」を使用するため、ロケットと同じ速度を出すことができる。但し、地上から利用するのではなく空気が希薄となる15キロ上空から使用する。ＮＡＳＡとペンタゴンは、スクラムジェットエンジンを装備した無人超音速機「Ｘ-43Ａ」の飛行テストを行い、

X43-A

２００４年３月にマッハ７・７、同年11月にはマッハ11・８（時速１万１０００キロ）を出すことに成功した。

次に日本のスクラムジェットエンジンの開発状況はと言うと、ＪＡＸＡが２００６年にオーストラリアでマッハ８まで出す実験を行ったが、自衛隊の輸送機を使用できないためロケットに乗せて３２０キロ上空まで打ち上げ、そこから滑空させながら実験したが失敗してしまった。ＮＡＳＡのように輸送機を利用すれば確実にマッハ８を出せたはずである。

ＪＡＸＡがスクラムジェットエンジンの開発に成功すれば、１００メートルの長大な宇宙船の主翼の左右に通常のジェットエンジン４基を装着するが、主翼の付け根の左右部分にはスクラムジェットエンジン２基を取り付け、船体後部には26メートルの長さの「イプシロンロケット」を２基内蔵すればよいのである。

もっとも、既に開発されているイプシロンロケットを３基重ねれば、地上10キロ上空から点火しても80メートル程の宇宙船であれば、十分に宇宙空間へ到達が可能である。

ともあれ日本の自力発進の巨大宇宙船は、以下のようにして宇宙へ飛び立つことになる。まず、地上から15キロ上空までは通常のジェットエンジンを使用してマッハ１で上昇し、15キロから70キロ上空までの上昇飛行はスクラムジェットエンジンを使用すればマッハ５～７くらいまで出る。

さらに70キロ先からは機体後部に内蔵した小型ロケット（イプシロンロケット）を噴射すれば、

マッハ10以上を出せるため、合計での速度はマッハ16を確実に超えて、冥王星を突破して深宇宙まで飛行を続けることが可能である。

地上15キロから、スクラムジェットエンジンとイプシロンロケットを燃焼させて宇宙空間へ飛び出すまでの時間は３～４分であるが、いずれも「慣性の法則」と「加速度」を利用することになる。

地上から発進する宇宙船の場合、乗員は発進時は座席に座った状態でよく、ロケットのように寝た姿勢を取る必要がなく、地上15キロからスクラムエンジンが始動する頃から徐々に座席を倒し、地上80キロほどでロケットを噴射する段階で、寝る姿勢へと移行すればよいのである。帰還の際は、初めから座席に座った状態で問題ないから、巨大宇宙船を地球上で超高速旅客機として利用する場合には、乗客は通常の旅客に搭乗しているのと同じ姿勢でいることができる。

もちろん、宇宙空間を長期間に亘って航行するには、現在までのところ、原子力エンジンがよいが、幸いなことに筑波エネルギー研究所が開発した「超小型原子炉」を搭載すれば、宇宙旅行での燃料問題は解決できよう。

次に、巨大宇宙船の価格はどれくらいになるであろうか。ちなみにスペースシャトルは一機が２１５０億円（１９８０年時点）であり、最新鋭のＦ-22戦闘機は２４０億円、イージス艦は１２５００億円、原子力空母のジョージ・ワシントンは2兆８０００億円であった。米国が２０１６年に新たに建造を始めた原子力空母「ジェラール・フォード」の価格は5兆円である。

兵器に限らず製造物を完成させるには開発費が必要である。スペースシャトルの開発には、３兆円ほどかかっていたことから考えると、自力発進の巨大宇宙船の開発費用は５～６兆円と見ておく必要がある。

それでも、日本の自力発進の巨大宇宙船は、一隻の価格が4000億円程度になると考えられる。但し、宇宙旅行用としてだけでなく、通常の超高速長距離旅客機として使用しようとして数百機ほどを建造した場合、大量に生産することになるため、一機当たりのコストは1000億円ほどに抑えることもできよう。

そして日本にとって今現在必要なことは、宇宙開発に従事してきた科学者・技術者の数を減らしてはならず、逆に増やすことを真剣に考えなければならないのである。日本の主力ロケット「H2A」は三菱重工が開発を行ったが、開発に従事したのは128人の技術者で、2000年には既に開発を終えていた。ところが、政府もJAXAもH2A後に続く新たな宇宙船などを計画しなかったため、技術陣は大幅に縮小し他部門へ回されて技術の進展はストップされたままである。

しかし、日本が新たに巨大宇宙船の建造をスタートしたならば、新たな宇宙船技術が蓄積され火星旅行に向かうことも可能となる。そして何よりも、打ち上げ費用がロケットのように一回ごとに使い捨てる必要がないため、真の宇宙開発を進展させることができるのである。

スペースシャトルは一回の打ち上げ費用が800億円にも上っていた。だが、地上または海上から自力発進する日本の宇宙船の打ち上げ費用は、燃料代とイプシロンロケットの燃料代として数千万円で済むであろう。

2018年3月3日、東京で米欧露中国などの42ヵ国と宇宙機関の幹部らが会同して「国際宇宙探査フォーラム」が開催され、月や火星の探査を国際的な目標とすることで合意した。ところが、探査のための月を周回する基地建設や、巨大ロケット開発などの巨額な費用をいかに分担するかは未定である。総額で十数兆円もかかるため、費用負担での駆け引きが今後行われようが、調整に時間がかかれば中国が単独で月や火星の開発に着手する公算が大きい。日本は巨大宇宙船を建造できる個々の技術を既に保持しているのであるから、今すぐにも開発に着手すれば５〜６年先には保有できるのである。

（３）アポフィスの衝突はこうして防ぐ

さて、そこで本章の主題でもある10年後に地球に迫る「アポフィス地球衝突」や、１５０メートル以下の小天体が突然地球軌道上に現れた場合の危機をいかに防ぐかである。

直径が20メートル以下の小惑星の場合には、強力なレーザー砲で細かく粉砕し、地球の大気圏に突入する時点で10センチ程度にしてしまえば、地球大気圏突入時に３０００度の熱で、小破片と化した隕石は全て溶けてしまうであろう。

では、直径３２０メートルあるアポフィスの地球衝突を避ける方法として何ができるであろうか。強力な火薬やレーザー砲でも破壊できないアポフィスに対しては、その軌道を地球から大きく外させる方法しかないのではなかろうか。その場合は、アポフィスが地球に接近する１ヵ月程前には解決しておかなければならない。

そのためには、巨大宇宙船を数隻アポフィスに一刻も早く到達させることが必要であるが、その推進力として原子力エンジンが不可欠となる。前述した筑波エネルギー研究所が開発した超小型原子炉で原子力エンジンを稼働させれば、強力な推進力を得ることが可能となるので、1ヵ月前には確実にアポフィスに到達できよう。アポフィスに到達後の措置は、破壊するのではなく地球軌道から逸らす方法が最善である。長さ100メートルの巨大宇宙船ならば、推進力用とは別に長さ26メートルの固体ロケット「イプシロン」を2基搭載できる。

　イプシロンを2基ずつ搭載した宇宙船を2隻発進させてアポフィスの上に着陸させれば4基のイプシロンロケットを設置できる。イプシロンロケットをアポフィスの後部に固定し、地球軌道を大きく逸らす方向に向けて一斉に噴射すれば、アポフィスは確実に地球軌道から外れて闇黒の闇の彼方に飛び去るであろう。

　アポフィスに限らず、30メートルほどの大きさの小天体（隕石）であっても、イプシロンを設置できれば十分に地球衝突危機を避けることができよう。但し20メートル以下の隕石の場合は、宇宙船に備えた自由電子レーザー砲の出力を最大にして粉々に砕く必要がある。

　結局、直径320メートルのアポフィスは無論のこと、直径が150メートル以下でレーダーに捕捉できず、衝突3日前に発見される小天体であっても、これを避けるためには、自力発進できる巨大宇宙船がどうしても必要となる。

　また、地球接近の小天体を早期に発見するためにも、地球または月の上空に宇宙ステーションを打ち上げ、監視のための量子コンピュータ付のレーダーや特殊望遠鏡で監視し、発見した場合に備えて

イプシロンロケット

長距離レーザー砲を予め設置しておくことも必要である。

日本を含む宇宙開発国は、小天体の地球衝突をいかに避けるかを最重要課題として取り組む必要があるが、火星探査や深宇宙の探査にばかり目を向けているのは、どうしたことであろう。危機管理の要諦からするならば、日本自身が一刻も早く小天体衝突を防ぐ方策を開発しておかねばならないが、ＮＡＳＡやロシアが危機の解決などしてくれないのである。

もちろん、自力発進できる巨大宇宙船に大型レーザー砲を搭載すれば、地球上空に漂う無数の宇宙デブリの除去にも活躍することは疑いない。さらに、国家間紛争中や民族紛争中で使用されている兵器類に、宇宙空間からレーザー砲を照射してミサイル装置などを使用不能にしてしまうことも可能となる。

それはともかく、日本が10年後のアポフィス衝突を回避すれば、日本の首相にはノーベル平和賞が授与されることは間違いないし、地球と人類を救ったことで、日本は国連安保理事会の常任理事国入りを世界中から懇願されるに違いない。

但し、中華思想に固まる中国や韓国・北朝鮮だけは強烈な反日のためのネガティブ・キャンペーンを展開するかもしれないが……。

4．巨大宇宙船の開発効果

（1）宇宙基地は巨大震災後の被災地に

自力発進の巨大宇宙船を建造した場合、宇宙基地をどこに設置するか。巨大ロケットによって宇宙空間へ出る場合は、できるだけ赤道に近い地域がよいが、自力で発進できる宇宙船であれば、緯度や経度に高低があっても問題はない。翼を使って日本列島を離れてから宇宙へ発進できるからである。フロートを装着した場合には、赤道付近まで航行した上で発進も可能であるし、内陸部の大きな湖からも発進できるので、いずれの地であっても問題はない。

東日本大地震は、マグニチュード9・0の巨大地震が福島県を中心に千葉県から岩手県までを襲い、巨大地震の直後には最大30メートルの巨大津波も襲い、中でも原発を破壊して放射能事故まで引き起こし経済に大打撃を与えた。特に福島県にとって不運だったのは、原子炉内で水素爆発が起こり放射能が周辺の市町村と海へ降り注いだことである。

このため福島県を始め、東北の太平洋沿岸部では稲作を始めとする農畜産業は一時的に壊滅し、漁業もできなくなった上に、福島県の原発周辺では人間の居住すら不可能となり、住民は居住地を放棄せざるを得ない状況が地震発生以来続いてきた。しかも福島県から他県へ避難生活をしても、子供たちは放射能に関連する苛めを受けたり、生活のための仮払金や義援金を不良児童から巻き上げられるなど、踏んだり蹴ったりの対応を受ける始末である。中には担任教師から言葉の暴力を受けるなどして自殺や不登校になる子供もいた。

２０１７年になって、ようやく原発周辺市町村が避難措置から解除され始め、元住民の帰還が叶うようになったが、帰還者の割合は数％に留まり、震災以前の状態に戻ることは無理である。農業も漁業も牧畜業も廃業に追い込まれるケースが多く、また住民も少ないからサービス業も成り立ち難いのが実情である。

そこで、宇宙基地を設置するに当たっては、巨大震災と原発事故で最も酷い被害を受けた東北地方に宇宙基地を設置することで、東北全体（人・物・金）を活性化させる方法を考えたらいかがであろうか。宇宙基地とは言っても、宇宙船にフロートを装着すれば、海上からの発進となるので、波止場を建設するだけで十分である。岩手、仙台などの港湾を利用してもよいし、あるいは福島県にある猪苗代湖からの発進も可能である。原発被害の地として、「フクシマ」は世界にその名前が広まったが、今度は宇宙基地として世界にその名前を轟かすことで、「禍福転移」のことわざを実現すれば、世界は日本の決定を讃えるに違いない。

同様に、巨大地震に見舞われた熊本県や、人口減少の上に地震に見舞われた鳥取県にも、宇宙基地や宇宙船発着波止場を設置して、サービス業を活性化させる必要もある。特に鳥取県は、人口減少が激しく「県」としての存在も危ぶまれるほど、人口減少が甚だしい。

地方創生や地域の活性化を考えるならば、全ての県に新幹線を敷いて首都圏とのアクセスを容易にするとともに、宇宙基地を始め海洋魚類の養殖業などの拠点を設けて、高齢者の職場を確保するなどの施策も不可欠である。

(2) 国内産業と教育を活性化する

さて、宇宙開発は今後一層の発展が見込まれる産業となることが予測されている。宇宙貨物機「こうのとり」を製造しているのは三菱だけではなく、国内400社以上の中小企業がこれに携わっており、実験棟「きぼう」の製造には650社が携わっているが、既に開発・製造された部品の多くが米国企業に販売されている。

一方で防衛産業のうち、戦闘機の製造には3000社、護衛艦にも3000社、戦車などにも2600社が携わっている。また、小型自動車の製造には5万点の部品が、そして大型車の場合には10万点に近い部品が中小企業などから供給されており、H2ロケットの製造にも数千社が協力している。仮に自力発進の巨大宇宙船を建造するとなれば、最先端のDUT(汎用技術)を持つ企業や生活関連企業など数十万社ほどの参加が見込まれるだけでなく、宇宙基地周辺のサービス産業も大いに発展するに違いない。

また宇宙に長期間滞在する宇宙飛行士の生活に欠かせないのが食糧であるが、現在は300食ほどもあるバラエティに富んだ食事が提供されている。野菜や果物のように新鮮な食材は「こうのとり」などが運んでくる時まで待たねばならないが、宇宙飛行士・油井亀美也さんが初めて食べた「宇宙レタス」のように、今後は宇宙で育てた野菜などが開発される期待が高くなっている。

宇宙に限ったことではないが、宇宙産業の一環として電気・通信・機械・車両・ロボット・医療・薬品・衣服・食品・サービス等といった産業界の開発も、必要不可欠なビジネスとなって多くの産業を支えることになる。

一方で、3・11大震災で原発が津波で破壊され、放射能被害が深刻な影響を及ぼした結果、原子力研究や技術に関する仕事を若者が敬遠するようになっており、将来の原発開発や廃炉に向けての技術者の数が減少していることが懸念されている。

原子力は、宇宙開発や海洋開発なども含めて将来のエネルギーに欠かすことのできないパワーであり、原子力の持つマイナス要素を除去する技術の開発は不可欠なのである。特に長期間に亘ってエネルギー補給の無い宇宙旅行や宇宙基地の電源、あるいは補給無しで海中を長期航行する潜水船などにとっては不可欠の動力となる。

ともあれ、自力発進できる巨大宇宙船の建造は日本の子供たちに男女を問わず、科学分野への興味を掻き立て、教育界を大いに刺激することになる。

小中高教育において理科離れが警告されてから久しいが、国際教育度到達度評価学会が実施した「国際数学・理科教育調査」によると、日本の生徒は成績が良いにも関わらず、理科が楽しいと思う生徒が極めて少なく、欧米と比較しても低いことが報告されている。宇宙や理科教育の面白さに目覚めた米国の子供たちは、中学・高校と進む段階で未知の分野の開拓にのめり込み、大学へ進む時には既に学問の目標を立てて進学をしている。だが日本では大学へ進んでも、研究費の少ない現状では若者の能力は発揮されない。日本の大学の国際的地位が、中国や韓国そして東南アジア大学などの後塵を拝していることからもそれを窺うことができる。

１９６０年代から７０年代にかけての経済成長時代には、文部省から大学へ支給される補助金は、東大の２０００億円以上を始めほとんどの国立大学へ数百億円以上が支給されていたが、平成27年度での科研費はトップの東大が２１６億円、京大が１３９億円である。以下、国立大学が続き、10番目に私学の慶應大（32億円）、13番目に早稲田大（25億円）が入っている。このあと23位の信州大学（12億円）までは国立大学が占めているが、この科研費で画期的な研究成果を上げよなどというのは無理である。

まして他の私大への科研費はスズメの涙状態であるから、始めから私大の若者には期待していないということになる。これでは人類に貢献できるような画期的な成果を生む若者は輩出されず、多くは米国などの研究機関に逃げてしまうことは明らかである。

数学や物理あるいは化学など理系離れが進んでいると文科省調査は指摘するが、大学への科研費を見てもわかるように、科学研究に「興味を起こし」たり「好きになる」ような研究開発予算もなく、指導や環境も整っていないからである。

日本の巨大宇宙船が惑星や恒星などを解明していけば、幕末期の日本に国際社会の扉を開かせた坂本龍馬、福沢諭吉、あるいは夏目漱石、加賀千代女など著名な近代の人物名が新発見の天体などに刻まれることになる。他にも好きなプロ野球選手・サッカー選手や歌手・芸能人・将棋・囲碁名人等の名前さえ付けることもできよう。

日本の初代宇宙飛行士となった毛利衛さんや、女性初の向井千秋さんが宇宙へ出かけると、日本人の宇宙熱は大いに高まったが、若田さんのＩＳＳにおけるキャプテン就任、そして油井さんの宇宙貨物機収容などは、子供達に大いなる刺激を与えているのである。

種子島におけるＨ２ロケットの打ち上げに際しても、多数の子供を含む家族連れが発射場に押し寄せ、空を見つめて感動していた姿は、未来の宇宙飛行士を夢見る子供が必ず出てくることを示唆している。

また、巨大宇宙船は日本独自の宇宙ステーションを建造する道を開くが、宇宙ステーションには一度に50ヵ国もの研究者を送り届けることができるため、外交的にもプラスとなるはずである。しかも各国の小型衛星も低料金で一度に50個も引き受けることができるため、世界から感謝されるであろう。

（３）宇宙・航空業界を席捲する

宇宙ビジネスと言えば、各種の人工衛星を打ち上げることがメインとなっており、特に欧州宇宙機関や米国そしてロシアが、他国の衛星を打ち上げて外貨を稼いでいる。日本の場合は打ち上げコストが高い上に、発射基地の位置が他国よりも緯度が高いため、打ち上げ後に衛星を軌道に乗せるために余分な燃料が必要となる。

ただ、２０１８年１月に打ち上げた固体燃料ロケット「イプシロン」の打ち上げ費用は40億円で、Ｈ２Ａの半分以下である。価格を低く抑えられるため、小型衛星の打ち上げを計画する新興国からの需要が増えると期待されている。ＪＡＸＡが２０１８年２月に打上げた超小型ロケット「ＳＳ５２０」は、長さが９・54メートルで電柱の大きさで、打ち上げ費用も５億円、搭載重量は５キロ未満であるが、ロケットを持たない途上国などからの需要が期待されている。

しかし、巨大宇宙船ならば打ち上げ費用は１０００万円以下で、一時に40〜50もの小型人工衛星を運搬できるため、世界の宇宙ビジネスを席捲してしまうであろう。

また現在、米国を始め宇宙開発国が無重力体験をさせる、観光旅行としてのビジネスが始まっている。英国ヴァージングループの傘下にある「スケールド・コンポジッツ社」は、２機の小型ジェット機を繋ぎ合わせた機を「ホワイトナイト機」と呼び、この２つの小型ジェット機の間に「スペースシップ２」を吊り下げて地上15キロまで運び上げる。そして15キロ上空に達するとホワイトナイト機を切り離し、そこから「スペースシップ２」機に内蔵した固体ロケットを噴射して高度１１０キロ（既に宇宙空間）の無重力圏内に達し、その後は、徐々に地球へ戻る過程で5分間ほどの無重力を体験させるものである。

スペースシップ２の次の段階は、地上４００キロ上空を周回する国際宇宙ステーションまで行き、宇宙ステーションの中で一週間滞在する「軌道飛行」というもので約22億円の旅費となる。すでに２００６年9月18日、イラン系の女性米国人で実業家のアニューシャ・アンサリさんが、ロシアのソユーズ宇宙船でカザフスタンのバイコヌール基地から宇宙へ飛び立ち、無事に帰還している。彼女は国際宇宙ステーションに11日間滞在し医療実験等に参加したが、旅行費用は23億５０００万円であった。

そして民間人による宇宙旅行の最終到達目標は、目玉商品となる「月までの往復旅行」で費用は１１０億円となっている。月までの旅行は、ロシアがソユーズロケットでロシア製宇宙船「クリッパー」に乗せ、片道3日間をかけて月に到達後、月の裏側を回って再び地球に戻ってくるという旅行である。軌道飛行と月旅行は実現するのが２０２０年以降で、既に、日本人を含めて数人の希望者がいるという。

宇宙ビジネスは広がる一方で、米国「スペースX社」のイーロン・マスク社長は、2026年には一度に1000人を火星に送り込める宇宙船を開発できると発表した。火星へは3ヵ月で到達できるとしているが、問題は、宇宙ホテルや火星旅行にしても、宇宙ゴミや隕石などとの衝突事故に対して安全対策を立てていないことである。前述したようにNASAは原子力エンジンを開発しているが、日本の巨大宇宙船は超小型原子炉を搭載できるので、決断さえすれば日本が最も早く火星旅行を実現するであろう。

日本においても、2016年12月に日本の航空会社ANAと大手旅行会社HISは、名古屋市のベンチャー企業PDエアロスペース社に共同出資して、平成34年までに宇宙旅行機50機を打ち上げる計画を発表した。価格は一人1400万円とのことであるが、これは地球上空100キロの宇宙空間で無重力体験をするもので、米国の「スペースシップ」と変わらない。

また2018年8月に、九州工業大学とJAXAが連携して米国のスペースシップ2と同様の「スペースプレーン」計画を発表し、平成39年をメドに打ち上げると発表した。要するに、ANAにしても九州工大にしても、地上100キロからの無重力体験を目指すもので、真の意味での宇宙旅行ではない。

さらに東京のベンチャー企業「スペースウオーカー」社も2018年8月、米国のスペースシャトルに似た宇宙旅行機で、乗客6人を乗せて120キロまで打ち上げ、無重力を楽しむという計画を発表した。エンジンは液化天然ガスを使用するとしている。

2017年9月には、米国の「スペースX社」が東京―ニューヨーク間をロケットで37分で飛行する巨大ロケットの開発を打ち出した。これは全長１０６メートルで乗客１００人を乗せ、時速２万７０００キロで飛翔するもので、上海までなら39分とし、２０２２年以降に実用化するという。

だが、こうした宇宙ビジネスは、いずれも「ロケット」によるもので、前述したようにリスクが余りにも大きい。

これに対して、日本が実用化できる「自力発進の巨大宇宙船」は、ビジネス用にしても観光旅行用にしても、世界を席捲してしまうであろう。仮に巨大宇宙船の長さを３００メートルにして５００人の乗客を搭乗させ、発進地から大きく弧を描いて宇宙空間へ飛び出せば、１万キロ彼方の地まで30分で到達が可能となる。緊急の外交やビジネスを抱えている人々にとっては、少々割高な運賃を払ってでも時差が全く無いので、巨大宇宙船を利用するであろう。

一方、航空機ビジネス分野においても、大きな変動が現れ始めている。２０１８年現在、世界の航空機製造業界は、ボーイング社（米）とエアバス社（欧州）が大型機と中型機分野で勢力を二分しているが、小型機分野では三菱重工が開発した「ＭＲＪ」と競合するブラジルの「エンブラエル社」がボーイング社の傘下に入った。また、ＭＲＪと競合するカナダの「ボンバルディア社」は、エアバスに買い取られた。さらに、中国は大型、中型、小型の旅客機を開発しており、世界市場に参入してくることが予測されている。つまりＭＲＪの将来は極めて厳しい環境にあると言ってよい。

だが日本が３００人を乗せる宇宙旅行用と、30分で世界のあらゆる場所に到達できるビジネス用に、しかも港からも発着できる巨大宇宙船を保有すれば、大型機分野は完全に日本が独占してしまうであろう。そうなると小型機分野における競争は機能性やサービス性がポイントとなるので、ＭＲＪにとっては有利な環境になる。

ちなみにスイスの金融大手であるクレディ・スイスが２０１２年10月に発表した世界の富裕層ランキングによると、年収40億円（５０００万ドル）以上の純資産を持つ超富裕層は、１位が米国で３万８０００人、２位が中国の４７００人、日本は４位で３４００人であった。中国では年収が１億円を超える富裕層人口は、既に１億人に達していると言われている。

日本が自力発進の巨大宇宙船を建造すれば、宇宙観光とビジネスにこれほどの人々が利用すると計算しただけでも、巨額の外貨収入を見込むことができるのである。

また、巨大宇宙船は他国の人工衛星打ち上げによる外貨獲得だけではない。既に打ち上げられた故障衛星の改修や修理も行うことができるので、打ち上げ国に感謝されよう。

一方、地上においても短時間で目的地まで到達できる手段として、中国の「航天科工集団」が「一帯」政策の目玉として、真空のチューブを国内都市とシルクロード沿線の各都市に張り巡らせ、列車を時速４０００キロで結ぶ構想を２０１７年８月に発表している。もっともこのアイデアは十数年も前に、マサチューセッツ工科大学が発表したものであるし、内部を走るのは日本が開発したリニアモーターカーである。

また米国が進める「宇宙エレベーター」の開発とは別に、日本も静岡大学などが民間企業と協力して日本版宇宙エレベーターを実現すべく、国際宇宙ステーションからケーブルの伸展実験を行うとしている。

ただ仮に宇宙エレベーターが実現して、３万６０００キロ上空に宇宙ステーションと地上をロープで結べても、そしてエレベーターが時速200キロで上昇しても、宇宙ステーションへ到達するのは2週間もかかる。万一、国際テロ組織にケーブルを破壊されれば大惨事となるだけである。

宇宙エレベーターは、世界が真の平和を取り戻し、争いの無い時代とならなければ、実用化は困難であろう。

第3章

日本の未来を無限大にする「水素」と「船」

1. 水素社会の実現に向けて

(1)「石油」のために国を亡ぼした日本

さて、日本経済を常に悩ますのがエネルギー問題と食糧・鉱物資源問題であり、高齢化社会の進展による社会保障や医療問題である。

国土の狭い列島に1億2000万人がひしめく日本は、産業を発展させるためのエネルギーはほとんど無に近い状態にあり、常に諸外国から各種資源を輸入しなくてはならず、輸入するための「外貨」がなければ干上がってしまう運命にある。

第二次世界大戦時、特に日米戦争で日本が敗北した最大の原因は、一言で言えば「石油」にあったと言えるのである。もちろん、日米戦争に敗北した要因は石油だけでなく、情報や外交そして軍部による拙劣な戦略が大きく起因しているが、対米戦争に踏み切った最大の原因は、米国からの石油輸入がストップさせられることへの恐怖であった。

当時(1940年)の日本のエネルギーと鉱物資源のほとんどが米国からの輸入に依存していた。石油は輸入の77%を米国から輸入し、蘭領インドネシアから15%を輸入していた。また「機械類」の輸入も米国依存が66%、ドイツからが24%であり、「鉄鋼」も70%が米国からの輸入で、中国から16%を輸入していた。それが1941年8月に、米国が対日輸出を全面禁止する措置に出たことは、日本社会、とりわけ海軍にとって死活問題であった。兵器の生産もそれを動かすこともできなくなるからであった。

1940年当時の日米のGDPを比較すると、米国は日本の17倍以上あったが、石油や鉄鋼の対日輸出を全面禁止されれば、日本陸海軍は2年で戦争遂行能力を失うと計算されていた。特に日本海軍は米国からの石油で艦隊や航空機を動かしていたから、米国が対日石油禁止措置を打ち出せば、艦艇を動かす石油は1年しか保たず国家を防衛することは不可能だったからである。それゆえ、座して死を待つより乾坤一擲《けんこんいってき》の奇襲攻撃で米国を粉砕すると決断したことは、「むべなるかな」であった。

米国からの禁油措置に代替できると考えたのが、オランダなどの植民地としてあったインドネシアであり、錫やアルミニウムの産出地である英領のマレーシアであった。

しかしながら攻撃一辺倒の戦術は、自国の輸送船や貨物船の防衛を怠った結果、保有する輸送船の90%以上を撃沈され、最後は片道燃料だけの特攻作戦で戦闘機も戦艦大和も、南海に散る悲劇を生んでしまった。

戦後の日本は中東諸国から安価な石油を輸入し続けることによって経済力を回復し、1970年代には世界第2位の経済大国にまで上り詰めることができた。既に1960年代には第一次・第二次の石油危機にも十分耐えられる経済基盤を創り上げていたのである。経済成長時代の最盛期である1980年代の日本の成長率は10%に近い数字を示していた。

ところが日本の追い上げに恐怖を抱いた米国は、日本の経済構造を崩すグローバルスタンダード戦略を突き付けたために、日本は成長をストップさせ長期のデフレ経済に突入してしまった。しかも皮肉なことに、日本が20年間以上に亘って大規模な経済・技術援助を行ってきた中国や韓国が、日本経済を追い上げて市場を奪い取ったために、日本は２０１８年現在においてもＧＤＰ５５０兆円程で足踏み状態にある。

ともあれ、２０１０年頃になって、ようやく20年間に及ぶデフレ経済を脱する機運が始まった時に、東日本大震災が勃発して再び日本経済を打ちのめしたのである。石油に替えて原発に依存していた日本経済は大打撃を受けたが、全ての原発を止めたために石油輸入が一挙に増えた。日本の電力は石油が15％、天然ガスが43％、石炭30％、再生エネルギーが11％となって、化石燃料は88％に上ったために輸入代金が高騰し、電気代は高騰を続けて国民生活を圧迫している。

この突然の原発ストップによって。日本のエネルギー自給率は２０１８年現在８％しかなく、92％は輸入に頼っている状態にある。即ち、２０１８年度の電源構成は、天然ガス43％、石炭32％、石油５％、再生可能エネルギー17％、原子力３％、その他０・４％となっている。

経済産業省は２０３０年における電源構成案として、原子力22％、石油３％、天然ガス27％、石炭26％、再生エネルギー22％としている。再生エネルギーの内訳は、太陽光７・０、風力１・７、水力８・８、バイオマス３・７、地熱１・０としている。

ただ、国際エネルギー機関（ＩＥＡ）が２０１７年11月に発表したデータによると、日本は他の先進国と比べて再生エネルギーによる発電比率が大きく遅れている。日本は２０３０年に再生エネルギーの発電比率を15％に上げるとしているが、カナダは同年度までに64％、ドイツは31%、英国は2020年までに31%と設定している。

日本は原発事故以来、自然エネルギーの開発が多様化しているが、いずれも一長一短がある。例えば、太陽光パネルの場合は雨天や夜間は効率が落ちるし、火山灰が降れば使用できなくなる上に、1キロワット時当たり40円以上もかかり、原発の10円よりはるかにコストが高い。また海洋を利用した波力発電、流体発電、潮汐発電等は漁業権問題の他に、定期的に列島を襲う低気圧前線や台風のために海が荒れ安定した電力を得ることが難しい。さらに風力発電も、常時強い風を得られる地域は限られている上にキロワット時21円と高く、建設費も馬鹿にならない。またバイオテクノロジーによる発電も現在は緒についたばかりである。

地熱発電は11円と安いが、所在地が国立公園内や温泉宿の近くにあることと、火山噴火からの影響もあるため、大量に利用することは難しく、上記いずれの再生エネルギーだけでは、大都市の電力も新幹線や工場を稼働させるほどのパワーを持っていない。

また石油の発電コストはキロワット時当たり22円と高いだけでなく、輸入が常に不安定である。天然ガスは10円と低いが輸入依存のために高価であり、石炭（9円）も安いが温暖化を防ぐためには大量の使用は控えなければならない。

それゆえ、原発の再稼働は必要であるが、将来はエネルギー配分として原発は、研究も兼ねて1割程度に抑えることが必要である。

地球の温暖化は様々な要因があるが、最も大きい要因は化石燃料を使用することが原因であることが分かっており、「気候変動に関する政府間パネル（IPCC）」によれば、温暖化のために今世紀末までに年間148兆円の損失が出ると予測している（読売新聞、2014年2月28

日付け)。このためエネルギーの無い日本にとって、早急に開発しなければならないのが、環境に優しい「水素」である。

(2)エネルギー源は太陽光と水

「水素社会の実現」という意味は、一つは、日常生活から近代社会にとって不可欠な「電気」を水素ガスの燃焼によって得ることであり、もう一つは、自動車、鉄道、船舶、航空機、ロボットなどエンジンを動かすエネルギーとしての水素ガスである。いずれの場合も水素ガスによって、従来のエネルギーよりも強力なパワーを得られるが、利用後には水だけが排出されるので、大気を汚染しない理想的なエネルギーである。

水素はあらゆる「水」の中に含まれているが、これを抽出してエネルギーとして利用した場合でも、二酸化炭素を排出せず環境負荷が少ないため、今後ますます需要が増大すると見られ、数十年後には160兆円の市場になると予測されている。

また、今後の国際社会は環境規制が厳しくなっていて、2020年には国際航路を運航する400トン以上の船舶は、重油の使用を禁止する規制を打ち出しており、重油使用からLNG(液化天然ガス)へと替えざるを得なくなっているが、日本が大量の水素ガスを液化(LHG)できれば、問題をクリアすることができよう。

現在、水素の製造方法は大きく分けて4つほどあるが、1つは石油や天然ガス等の化石燃料に触媒を用いて改質し水素を取り出す方法。2つ目は製鉄所や化学工場などからの副産物として水素が得られ、年間100万台以上の自動車を動かす量を生産できている。

3つ目は発生したメタノールやメタンガスに触媒を用いて改質した水素を得る方法である。北海道鹿追町では2017年1月に「しかおい水素ファーム」をオープンし、牛のふんを発酵させたバイオガスからメタンガスを抽出し、これに水蒸気などに反応させて水素を造り出している。

4つ目は発電した電気を利用して水を電気分解して水素を取り出す方法である。世界の火力発電所や太陽光発電所では余剰の電力を水素生産に振り向けている。良質の水素を取り出すには、水から取り出す方法がよいが、電気そのものを作り出すためのコストが大きいのがネックである。

ただ、いずれの場合も、水素を取り出すために「燃料」を必要としていることで、効率は良くない。他にも前述したような発電方法があるが、工場や新幹線などを動かすには電力が不足である。

ところが、2004年にJAXAが地球上空3万6000キロの人工衛星で太陽光を集め、これをさらに近赤外線レーザーに変換して地上に送り、海上にある100メートルほどのメガフロートで受け、触媒を用いて海水から水素を発生させることに成功した。

さらに2017年になると、大阪大学産業科学研究所が、可視光や近赤外線の両方に光触媒を当てることで水から水素を取り出すことに成功したが、2018年4月には九州大学の研究グループが非常に低エネルギーの近赤外線光を用いて、水から水素を発生させることに成功した。現在では、レーザーエネルギー技術総合研究所、大阪大学レーザーエネルギー学研究センター、九州大学、神島科学工業などがＪＡＸＡと共同で開発を進めているが、現実性を浴び始めている。

重要なことは、この宇宙からのレーザー発電方式を現在、世界のどの国も開発しておらず、日本だけが持つ開発技術という点である。しかも太陽光は化石燃料から生み出す電力と違って費用はゼロである上に、水から直接得ることができるため純度の高い水素が得られる。

いずれにしても、宇宙で集めた太陽光を宇宙空間で近赤外線レーザービームに変換して地上に送り、これを海面や湖面に照射して水素として取り出し、水素エネルギーとして利用する方法で、実用化の目標を２０３０年頃に決めている。

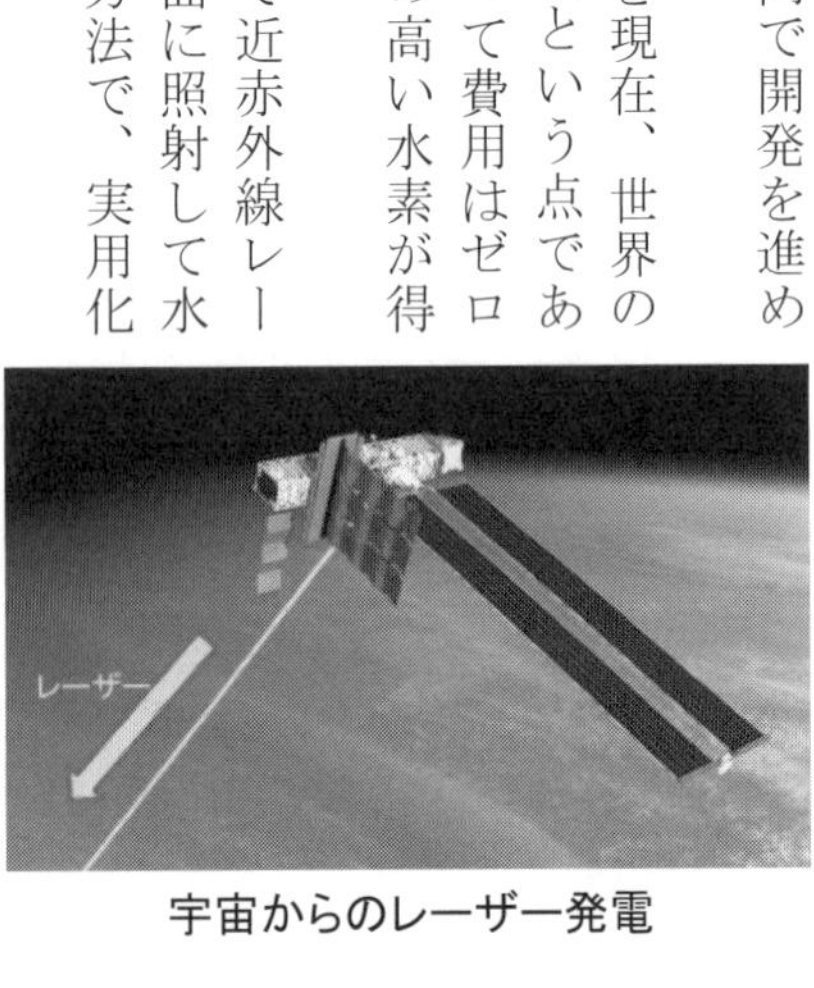

宇宙からのレーザー発電

こうして得られた水素ガスは、一つは水素ガス発電に利用し、もう一つは液化した上で各種交通機関のエネルギー（動力）に回すことができよう。

人類にとって「水素社会」の実現は夢であるが、現在は水素自体を手に入れるために、火力発電や原発あるいは太陽光パネルや風力発電などを利用しなければならないが、宇宙からの太陽光利用は一度人工衛星を設置してしまえば、老朽化した人工衛星を取り換えるまで費用はかからない。しかも、宇宙から近赤外線レーザーを地上に照射する場合、日本の各県にある湖やダムにレーザー受信装置を設置すれば、各県が独自に電力と水素ガスを得ることができるため、豊富にエネルギーとして利用できる。冬季の豪雪も豊富な電力によって全て溶かし、新幹線も全国くまなく走らせることができるようになる。

さらに、東日本大震災を始め、熊本地震や２０１８年6月の大阪府北部で発生した震度5地震など、地震の被害は震源地のみならず東日本全域、九州全域、近畿地方全域に及ぶため、域内にある火力発電所や原発などが軒並み機能を停止している。

また、２０１８年10月に九州電力で「太陽光発電」が供給オーバーとなった問題が発生したが、宇宙からのレーザー発電ならばボタン一つを押すだけで、直ちに供給を止めることもできる。しかも、宇宙からのレーザー光発電は、各県ごとで電力を賄うので震源地のみが一時的に機能を麻痺させるだけで、他県の電力には影響を与えないという利点もある。

また、世界の火山が大爆発を起こして、地球上空に火山灰が漂って太陽光が届かない事態が起きても、宇宙からのレーザー光線ならば雲があっても雨の日であっても、さらに夜間であっても確実に太陽からの光を得ることができる。

それゆえ、この技術が実用化すれば、水素ガス発電へ利用できる。また、水素ガスをマイナス２５３度に冷却すれば液化水素ガス（ＬＨＧ）となるが、大量に生産すれば余剰分を輸出に振り向けることも可能となり、日本はエネルギー問題から解放されるのである。

日本が巨大宇宙船を開発すれば、近赤外線レーザーに変換する装置だけを装着した宇宙ステーションを建設し、一度に46都道府県の湖にレーザー光を照射できることになる。

さらに水素ガスを運搬する特殊なタンカーは、三菱重工や川崎重工が開発している「サヤリンゴＳＴＡＧＥ」船などがあり、新技術のために新興国の追随を躱《かわ》すこともできる。当然ながらＬＨＧ（液化水素ガス）を生産できれば、航空機・自動車・船舶を始めクリーンエネルギーとして世界中から歓迎されることになる。

国際民間航空機関（ＩＣＡＯ）も、２０２１年をめどに二酸化炭素の排出量を規制するため、低燃費のエンジン開発やバイオ燃料の利用を進めることを目標としている。日本の場合、国際貨物線での輸送量が急増すれば年間数百億円の増加が見込まれている。

日本が石油やＬＮＧに替わるＬＨＧ（液化水素ガス）を大量に生産し、これを利用できるエンジンを開発できれば、地球上の全ての輸送機関の燃料を供給できるようになり、産油国に代わって莫大な外貨を稼ぐことができるようになる。

現在、兵庫県高砂市にある「三菱日立パワーシステムズ高砂工場」では、水素ガスを使った発電機で48万キロワットを生み出しているが、これは１１５万世帯分の電力である。ただ課題は、天然ガスより10倍もパワーのある水素ガスをコントロールする燃焼器の開発と、工場から排出される不純物の多い水素ガスに代わる純度の高い水素ガスの獲得である。燃焼器の強度はロケットエンジンに使用されている技術でクリアできるので、後は純度の高い水素ガスの獲得である。

しかし日本がレーザー光発電の開発に毎年３０００億円ほどを集中して充てれば、３～４年のうちには実用化に漕ぎつけるであろう。同時に液化水素ガスで効率良く稼働する「自動車用エンジン」、「航空機用エンジン」そして「船舶用エンジン」の開発も進むはずである。

現在の太陽光発電に利用される太陽エネルギーは十数パーセントしか利用できないが、近赤外線レーザーはマイクロ波と異なって光が拡散せず、逆に収束する性質がある上に曇天でも夜間でも太陽光の98％を地上に届けることができる優れものである。例えば、宇宙からのレーザー光発電は、地上３万６０００キロにある人工衛星からレーザービームを地上に照射するが、航空機や野鳥に当たっても障害が起きないよう、出力を抑えることもできるから安全である。

実用化するためのコストは１キロワット時８円程で、原子力発電と同じ程度の出力を目標としているが、宇宙空間へ大型の近赤外線レーザー用ステーションを配備すれば、日本全国のダム湖で電力を得ることができるためコストはさらに低下する。

水素ガスを燃料タンクに入れて使用する車や航空機、そしてロボット等の課題は、マイナス２３０度の冷温を維持し数十気圧に圧縮して貯蔵ができ、衝突事故があっても破損しない頑丈なタンクを造ることができるかにある。水素ガスを液体化し、これを利用する大小のエンジン開発こそが、日本の産業界と運輸サービス業界を飛躍的に発展させ、ＧＤＰを２倍、３倍にさせることとなる。

しかも宇宙からのレーザー光発電は、日本だけしか開発していない技術であるから、実用化すれば世界のエネルギー事情を１８０度変えてしまうことになる。

以下に水素燃料を使っての産業を見てみよう。

（３）「モノ創り」と「運輸サービス業」に不可欠な電力

日本は貿易立国である。製品を創り海外に輸出するサービスで外貨を稼がねばならないが、そのために必要なのは電力と技術である。

日本は世界第３位の経済大国ではあるが、２０１７年度における世界のトップ企業１００社を見ると、日本企業は39社が入って第1位であり米国は36社で2位である。日米企業が7割以上を占めている状態にある。ところが、このランキングも電力と技術力の低下により下がり始めている。

安倍政権が進めている「地方創生」政策において必要不可欠なものは、①若者・女性達に提供できる産業・職場の存在、②いずれの地方からも、東京や大阪など大都市圏へのアクセスが1時間程で出来る輸送網、③産業と都市に必要な電力が豊富に供給される、④若い家族のためのインフラが整備されている、等々である。

特に人口動態を見ると、日本海側の県にある自治体は軒並み人口減少が進んでいるが、この4つの条件をクリアするのは「新幹線網の全国展開」であり、そのために必要なことは「豊富な電力供給」である。日本海側の鉄道状況を考えるならば、JRの本線でありながら、2017年現在でも単線で、一日の運行回数も2~3時間に1本という状態にある。しかし新幹線を日本海側の全ての県に通せば、中央省庁のいくつかを日本海側の諸都市に移すことも可能となり、東京への一極集中を避けられるだけでなく、地方の過疎化を避けることもできる。

また、限られた日数で日本を訪れる外国人観光客にしても、新幹線を利用できれば日本海側でも四国でも九州でも簡単にアクセスが可能となるので、地方経済にも恩恵が与えられよう。まさに、IoT時代、AI時代における地域住民に対するサービスなのである。

もちろん、太陽光とレーザービームを利用して昼夜を問わずに水素ガスが獲得できるならば、新幹線の電力のみならず、冬季の豪雪地域の市町村の道路全てに融雪装置を設置したり、豪雪地の各家庭の屋根に融雪装置を設置することも可能となる。

実はＧＤＰの７割は非製造業から得ているが、このうち運輸、卸売、小売業などのサービス業からの収益は、鉄道・航空・バス・トラックなどの輸送機関と、これらに付随する旅行サービス業、ホテル・旅館業、飲食業・土産モノなどの業界だけで45％ほどを占めている。逆説的に言えば、サービス業の低迷が、生産性上昇の足かせとなっているのである。

また、全国に張り巡らされている高速道路網にも、自動運転のための各種装置が施されれば、自動運転技術が実現し高齢者も、運転免許の無い者でも、また酒を飲んだ直後でも自由に出かけることが可能となる。

では、水素自動車の未来は、どこまで近づいているだろうか。日本の場合は、例えばトヨタが水素を利用する燃料電池車（ＦＣＶ）「ミライ」を販売したが、これは「水」から電気分解によって水素を造り出し、これをＦＣＶ車に注入し搭載する燃料電池で酸素と水素を反応させ電気を作り出す方式である。水素ガスステーションで３分間の充電だけで６５０キロ走り、排出するのは水だけというクリーンエネルギーで走行する。

欠点は、ＦＣＶで水素と酸素を反応させる触媒として「白金」が不可欠であるが、白金は貴重な金属で採掘量には限度があることで、ＦＣＶが国内のみならず世界中に普及した場合には、白金の供給が全く追いつかなくなることである。そのためには、代替金属の開発や海底資源から得るしかないであろう。また水素を水から取り出すには、電力や原子力を動かさねばならず、そのためのエネルギーを造り出さねばならず経済的には効率的と言えない。

ただ水素ガスの利用方法としては、ガソリンと同じように直接自動車エンジンの燃料として利用する方法もある。これは、東洋工業が開発したロータリーエンジン車で、水素ガスを直接エンジン内で噴射して動力を発生させるレシプロエンジンとして成功している。

ノルウェー政府は、マツダのロータリーエンジン車に着目し、これまでに50台を購入して、各種実験を重ねている。ただ、ロータリーエンジンは、同じ排気量のガソリンエンジンと比較した場合、出力が2分に1程度に留まることである。そのためガソリンエンジンと同じ出力を求めるならば、2倍の排気量を持つロータリーエンジンにしなければならないから、より効率の良いロータリーを研究中である。

もっとも、水素ガスがロータリーエンジンに流入する機構を改善（インジェクション化）することで問題を解決することも可能となっている。事実、ＬＰＧ車ではガスミキサー式から、噴射式にすることでガソリン車並みのパワーを得ることに成功している。

川崎重工は、産業用として水素液化システムを開発し、水素液化プラントの商業化を進めている。パナソニックや東芝は、太陽光パネルで発電した電力で水から水素を作って貯蔵しておき、この水素を燃料として発電する仕組みを開発している。パナソニックや東芝などが推進している、水から他のエネルギーを使用せずに直接水素を取り出す技術が原発と同じキロワット時10円程度で開発できるのであれば、一刻も早く実用化して欲しいものである。

2. 世界の農畜産業を救う「水」の活用

(1)「水一滴」は「油一滴」と同じ

従来、「水」などは資源とは考えられていなかったが、CO_2やダイオキシンなどの排出によって温暖化と気候変動が進み、世界の穀物生産地域では旱魃《かんばつ》や湖沼の水が干上がったり、地下水が減少するなどして農畜産業や工業生産に深刻な影響を及ぼし始めた結果、「水」が大きく脚光を浴び始めた。

実際、地球上の98％は海水に覆われて、淡水はわずか２％である。この比率から考えればいかに淡水が重要か分かろう。それでも、アジアモンスーン地帯にある日本では自然災害が発生した時以外、飲料水の欠乏状態を感じたことはない。だが、大陸諸国は一般的に乾燥気候で、河川や湖沼からの取水も限られているため、地下水も利用してきたが、気候変動の影響で河川のみならず地下水でさえ供給が乏しくなり、小麦、トウモロコシ、大豆、綿花、家畜などの生育に深刻な影響をもたらしている。

特に飲料水の不足に悩む途上国に対して、日本はこれまでに３０００人以上の技術者を派遣し、１３０ヵ国以上の途上国に上水道施設の設置支援を行ってきた。それでも世界的水不足の状況から見れば、数％しか達成していない。

そして途上国にとって最大の悩みは、農作物や家畜の飼料などに必要な「水」が決定的に不足していることである。砂漠地帯や荒れ地が多い上に雨季が極端に短く、安定した農業ができない地域が多い。もちろん、地下水を汲み上げて農作業に役立てている地域もあるが、雨が降らない期間が長いため、地下水そのものが枯渇する状況にある所が多い。

かつて「石油の一滴は血の一滴」に匹敵すると言われたほど石油は重要であったが、現在では「水」が石油と同じほど重要な価値を持つようになっている。そうであるならば、日本は「水」というものに対する認識を根本から改める必要がある。

我々は、水道の水を豊富に垂れ流して使用しても何ら危機感を持たないが、大陸諸国では水道水さえ充分に供給されない国もあるし、水道設備さえ完備されていない国は多いのである。日本人のように毎日風呂に入る習慣など大陸諸国には無く、せいぜいシャワーだけの生活である。例えば、日本人は一人で一日にバケツ24杯分の水を消費するが、大陸諸国では一日にバケツ1杯、中国ではバケツ4杯分の消費と言われている。

一方で、狭小な国土で食糧資源の乏しい日本は、湿潤気候にあるために年間降雨量は多いが、これまで水を有効利用する知恵を出してこなかった。

ところで、農工業に利用する水を「仮想水（バーチャル・ウオーター）」として捉える考えがあるが、この考えは１９９３年にロンドン大学のアンソニー・アラン教授によって提唱されたもので、この考えによれば食パン１斤を作るには６００リットル、牛のステーキ２００グラムを食卓に載せるには４０００リットルの水を必要とするといった具合である。また、日本茶の葉を生育するには1キロ当たり6トンの水を必要とし、ソバは5トン、味噌は1トン、牛肉1キロ当たり20トンの水が使用されると言われている。

日本は年間3000万トンもの食糧を輸入しているが、2002年に東大の沖教授が試算したところでは、日本が輸入した全食糧を育てるために撒布された水は年間600億トン、大型石油タンカーにして20万隻分という数字を弾き出している。

逆に日本から輸出される工業製品を作り出すにも大量の水が使用されている。幸い日本は雨量が多いため問題となっていないが、乾燥気候の大陸諸国では水の確保が深刻になりつつある。

2010年の時点で世界人口は70億人を突破し、生活用水としての水や、農業用水、工業用水としての水が大幅に不足し、その需要がますます高くなっている。

日本は2014年度に米国から小麦、トウモロコシ、大豆、ジャガイモなどを大量に輸入しているが、他にも工業製品も多く輸入している。その結果、米国が日本に輸出する農工業の生産に費やされるバーチャルウオーター（仮想水）の量は389億トンと言われる。他にもオーストラリアからは89億トン、カナダからは49億トン、ブラジル・アルゼンチンからは25億トン、中国からも22億トンを消費していることになる。

一方、日本で使用する工業用水は年間130億トンであるから、工業品の輸出はこれを相殺するに至っていない。2013年度に日本が海外から輸入した農産物と工業製品を仮想水で計算すると約640億トンとなるが、日本が国内の灌漑用や工業製品に費やした仮想水の合計は570億トンであった。

一方で台風や梅雨前線、秋雨前線さらに豪雪など、一時的に降る雨量が極端に多いため都市圏では洪水の被害に遭うなど、自然災害に振り回されることも多い。水の価値が石油と同じくらいに重要となっている今日、洪水被害の元凶となる雨水や雪を捨てるのではなく、逆転の発想で活用を考えねばならない時代になっているのである。つまり季節を問わず降る雨水や冬季の降雪を、そのまま河川や海に流すのは余りにも「モッタイナイ」のである。太陽光パネルで電気に換える技術を開発したように、日本は集中豪雨や豪雪からの水をいかに上手に貯蔵するかに知恵を絞る必要がある。

狭小な国土で食糧資源の乏しい日本にとって、唯一の豊富な天然資源は「水」である。ただ湿潤気候にあるために年間降雨量は多いが、この水を有効利用する知恵を出してこなかった。

世界の国々で使用する水利用の内訳は、農業用水として使用する水が7割、残りの3割を工業用水と生活用水が半分ずつ占めている。このうち、農業用水では、小麦、トウモロコシ、綿花、畜産用の牧草に使用する水が全体の8割を占め、工業用水では化学工業と鉄鋼業が6割を使用している。

アフリカ諸国や中近東諸国そしてオーストラリアや中国などでは、河川の水と同じくらい地下水の利用が多いが、旱魃のために河川や湖沼の水量が減少し、代わりに地下水を取水するため地下水も大幅に減少して、農作物や牧畜に大きな影響を与えている。大陸諸国では河川の水を奪い合うことは常態化しており、世界の水争いは年間５００件を超えていて、殺傷沙汰にもなるという深刻さである。

（2）「水」の輸出と「台風」のコントロール

国土交通省によると、2006年までの10年間の浸水のうち、下水道や側溝などから雨水が溢れる「内水氾濫《ないすいはんらん》」による被害が、全浸水面積の65％に当たる20万ヘクタール、被害額の56％に当たる2・4兆円に上ると発表した。内水氾濫は、異常気象のために年々ゲリラ豪雨が増加しており、浸水被害は内水氾濫が多く占めるようになっている。

日本はアジアモンスーン地帯にあるために、「水」に関する限り、大陸諸国よりはるかに大量な水を生産し続けている国なのである。そこで豊富にある「水」を、渇水に悩む諸国に輸出をしたらどうか。但し、渇水に悩む地域に水を輸出する場合、石油価格の10分の1で輸出し、友好国には20分の1の値段で供給すればよいのである。さらに貧困で悩む途上国には無料で供給してもよいという認識を持つ必要がある。逆に慰安婦像を設置したりあからさまな反日政策を行っている国には水の輸出はしないなど、外交手段として利用すべきである。

日本各地の大都市や中都市には多くの河川が流れているが、一級河川と言われる大きな河川、例えば太平洋側の沿岸には北上川、那珂川、利根川、多摩川、富士川、天竜川、豊川、木曽川、淀川、吉野川などが、河口付近で大河となって海に注いでいる。日本海側では、雄物川、最上川、信濃川、阿賀野川、九頭竜川、由良川、千代川、江の川、遠賀川、松浦川など10河川がある。

これらの大河から流れる水量は豊富であると同時に、海洋プランクトンの育成に重要な各種ミネラルを含んで海に注ぎ込み、豊かな海産物を日本国民に提供している。この栄養豊富な水を全て海に出すのではなく、一つの一級河川から一日100トンほどの水を一ヵ月間採取すると3000トンになる。この水を「水タンカー」に積載する。

さらに首都圏の地下に巨大な調整池が地下神殿のように、これまで28ヵ所ほど建設され、隅田川、荒川、中川などから溢れる水を地下調整池に入れた後、江戸川に放水されるが、この放水される水を水タンカーに搭載してもよいであろう。

ともあれ、太平洋側と日本海側に注ぐ各10ヵ所の河川から、それぞれ3000トンの水を積載するタンカー20隻を、3ヵ月ごとに渇水に悩む地域に供給しようとする案である。取水は3ヵ月ごとに行うだけであるから、海洋生物への影響はほとんど無いであろう。日本の造船業は瀕死の状態にあるが、水タンカーを製造するならば、造船会社や鉄鋼会社の経営は安定し内需拡大にも寄与するであろう。また、水タンカーの輸出は利潤目的ではないため緊急性はなく、その動力は太陽光パネルを張り、風力を得るためのプロペラから得る電力で、モーターを稼働させればよい。

若い船員を育成するための商船学校は、造船業界不況のために、船員を志す若者も減少し商船高校や水産高校などは縮小が続いているが、海上保安官の確保や造船業の復活も含めて、造船界そのものを見直す時期に来ている。

それはともかく、到着地では船団を解いて必要な船を個々に分離して、河川を遡り工業地帯や農業地帯など必要地の河川港で水を下ろすことも可能となる。飲料水として使用したい場合は、到着地の港に浄水化装置を設置しておけば、都市圏の飲料水としても使用できる。浄水のための装置や水道プラントは、日本企業が請け負うこともできよう。

そして渇水に悩む諸国へ石油の10分の１の低価格で「水」を供給すれば、相手国は農畜産物や鉱物資源を低価格で日本に供与してくれるであろう。水の運搬は海賊等からの襲撃を防ぐために、船団の護衛はレーザー砲搭載の海上自衛隊の護衛艦に先頭と末尾に航行することを依頼すればよい。

一方、日本が早急に手を打つ必要があるのが、水源地対策である。クリーンな水をしっかり確保するためにも、中国系や韓国系の会社に水源地などの土地を売却してはならず、売却済の場合は国家利益に関わるからとして代金返還の上取り戻さねばならず、応じない場合は強制収用しなければならない。

産経新聞の報道（2016年5月10日）によれば、北海道十勝平野に東京ドーム２１３個分の１０００ヘクタールの土地を中国系企業が１８３億円で購入しリゾート施設を建設し、既にチャイナタウン化して中国人観光客も集めて出しているという。

中国企業や韓国、北朝鮮は日系企業を買収するなどして水源地を購入しているが、県や道の「水資源保全条例」では規制できない。特に、中国や韓国は反日政策を進めているために、仮に軍事的衝突が懸念される事態となった場合、水源地を抑える彼らが毒物や病原菌などを水源地で混入する危険もある。

さらに、水の利用を考える案として、台風をコントロールすることも可能である。即ち、南方洋上で発生する台風は年々大型化し、陸地に上陸した場合は風水害による被害を都市や農畜産物にもたらしている。日本は、これほど科学技術が発展したにも関わらず、建国以来から台風や大雨、豪雪に悩まされてきているが、これらの自然現象をコントロールする知恵を働かせようとしていない。自然に対しては初めから恐れ敬う気持ちが強いため、専ら神仏に祈ることで自然災害や被害を避けたり抑える方に力を入れてきた。

一方、地震に対する備えは、建築物に対する耐震基準や、避難地設定、帰宅困難者への対策などが作られているが、都市部における集中豪雨に伴う河川の氾濫による「浸水対策」はほとんどなされていない。たとえば首都圏での河川氾濫で家屋への浸水が膝上位までなら、公設避難所や自宅の2階へ逃げればよいが、2018年7月に発生した西日本豪雨のように、台風の連続によって1時間に1200ミリもの雨が関東地方に降った場合、多くの河川が氾濫し東京の下町（江東区、江戸川区、足立区、葛飾区）など海抜ゼロメートル地帯では、浸水は平屋家屋の屋根まで達すると言われている。

しかも、温暖化の影響で今後ますます巨大台風による豪雨が、日本列島を襲うことが予測されているのである。浸水対策を考えるならば、河川の堤防を高く築くことよりも、台風などの気象現象を発生段階からコントロールすることを考えた方がよいのではないだろうか。例えば、台風を防ぐ手立てとして、消防艇を大きくした300トンほどの船に大型の放水装置を左右の舷に10個ずつ設置し、100隻ほどを台風が発生する海域に6月～11月の間常駐させておけばよいのである。そして台風や熱帯性低気圧が発生した場合には、直ちに周辺海域に100隻を散開させるとともに、海面下50メートルの冷たい海水をくみ上げ、移動しつつ一斉に放水すれば熱低の段階で成長は止まるであろう。もちろん、台風発生海域には長期間の滞在が必要となるから、パラオ共和国などの港湾に長期係留する協定を締結すれば、水や食糧の供給は問題なく解決できよう。

２０１８年7月5日から7日にかけて九州・四国・中国・近畿・東海・北陸地方を数十年に1回しか起こらないとされる豪雨が襲い、各地で土砂災害が発生して２００人を超える死者とインフラ被害が拡大した。天気図によれば、太平洋高気圧が東へ移動したが、梅雨前線が日本列島を横断し、さらに低気圧が発生したために、高気圧の西側を回って大量の温かい水を含んだ南風が列島に吹き付けた結果、7月の1ヵ月間の降雨量がわずか1～2日で降る結果となった。

要するに台風をコントロールするわけであるが、全ての台風を根絶すのではなく、稲の生長にとって必要な台風を熱低規模の段階で放水しながら大きさをコントロールして、望む大きさと方向に誘導すればよいのである。現在の気象衛星からの情報とスパコン、そしてＡＩ技術を使えば、海洋の温度状態も含めて台風の発生状況や規模などのかなり正確な予知が可能である。

こうした異常気象は、温暖化などのために今後も、1ヵ月の降雨量が1日で達成され、日本各地で土砂災害などを引きおこすことが十分予測されるのである。災害の発生は、外貨の獲得に大きなマイナスをもたらすことになる。

日本政府観光局（ＪＮＴＯ）によれば、２０１８年9月に訪日した外国人の数は前年同月比で5・3％減となり、２０１３年1月以来5年8ヵ月ぶりのマイナスに転じたと発表した。特に台風21号によって関西国際空港が浸水し一時的に閉鎖されたことや、北海道地震などが大きく響いている。２０１８年度は台風が異常に多く、しかも巨大で各地に被害をもたらし、観光地は大打撃を受けた。

それゆえ、台風をコントロールできれば、観光旅行の訪日外国人の数は減少しないし、ハリケーンやサイクロン被害に悩む諸国にも、技術を提供することで国際貢献としても役に立つことになる。

（3）過疎地で海水魚の養殖を

1970年代から日本の寿司や刺身が世界中で脚光を浴び始めた。世界のマグロ需要が急激に増える中で、国際的規制も厳しくなり日本漁業を衰退に向かわせている。

世界にある日本食レストランの数は2012年で5300店であったが、「和食」が世界で健康な食事と認められたこともあって、3年後の2015年には和食レストランは8万9000店にも上っている。その中でも特に「寿司」の人気は高く、2015年9月の国連総会に出席した安倍首相は、寿司を広めるために各国の首脳や外相を招待して寿司と日本酒の宣伝に努めた。

ただ寿司の材料となるマグロを始めとする海産物は、国連海洋法による200カイリ規制や各国が食糧難に対応するため肉食から魚食へとシフトしていることもあって、日本漁船の活動範囲や活動期間が大幅に抑えられてきている。例えば、1980年代までの日本の漁獲量は1100万トン以上あって世界一を誇っていたが、2009年では390万トンにまで落ちこみ、代わって中国が1980年代の300万トンから2009年時点では1500万トンという膨大な漁獲量を占めるまでになっている。このため、日本は魚介類を年間400万トンも輸入し、その金額は1・8兆円に達するなど、魚類の輸入大国へ転落してしまったが、自給率からすると50%まで落ち込んでいる。

漁業衰退の原因に、漁業の将来に見切りをつけた若い漁師達が他の職業へと移っていることがあげられる。２０１３年度での漁業就業者の年齢は60歳以上が80%と高齢化が進む一方で、若者は減少を続け、漁師全体の数は２０１３年度で18万人へと減少している。

世界的な漁業規制や漁業者数の減少を受けて、近畿大学は２０１０年頃からマグロ養殖を始めとする各種の養殖に取り組み、２０１８年までに商品化に成功し利益を挙げるまでになっている。

一方、日本人が大好きなウナギも、乱獲や気候変動のために幼魚である「シラスウナギ」は、２０１７年の時点で漁獲量が前期の１%となる（産経新聞、２０１８年1月14日付け）と報告されている。このため、東京大学ではウナギを卵の段階から完全養殖することを目指して開発中である。また、ウナギに代わる食材として近畿大学が開発した「ウナギ味のナマズ」は、２０１５年夏の土用の丑の日に試食され好評を博している。これは、琵琶湖北岸に生息する泥臭さのない「イワトコナマズ」をエビなどの甲殻類を配合した飼料で育て、ウ

世界の養殖業（2015年度）

生産国	生産量
中　国	5711万トン
インドネシア	1314万トン
インド	455万トン
ベトナム	329万トン
韓　国	153万トン
日　本	102万トン
米　国	44万トン

世界の漁業生産量（2013年度）

生産国	水揚げ量
中　国	1655万トン
インドネシア	582万トン
米　国	513万トン
インド	487万トン
ペルー	485万トン
ロシア	467万トン
日　本	375万トン

ナギに似た味わいを出すことに成功している。しかも、このナマズはウナギに比べて育成期間が半分以下の上に、栄養的にもビタミンや蛋白が豊富でウナギに引けを取らないという。

日本は海洋に囲まれている地形から、淡水養殖は他国に比べて少ない。しかし2000年以来、淡水魚の養殖によって漁業資源回復のための研究が、日本各地の大学で進められている。例えば東京海洋大学では「ヤマメ」に「ニジマス」を代理出産させる方法を開発したことで、世界各国から研究成果を学びに来ているほどである。

また、陸上で「銀鮭」の完全養殖に成功している養殖場がある。「陸上循環ろ過養殖システム」という方法を用いて、鳥取林養魚場が井戸水を利用し「銀鮭」を600トン生産することに成功しているが、これは屋内で集中的に管理する方法で、いずれ他の海水魚の養殖に広げるとしている。画期的なことは、海水魚などの養殖業を沿岸部ではなく、海の無い内陸部においても海水魚を養殖できる新たな「海水」を創り出す画期的な技術が開発されたことである。

海水魚などの養殖にとって必要なことは、餌となるプランクトンがなければならないが、真水で海のプランクトンや海水魚を養殖できる技術を開発したのである。開発したのは岡山理科大学工学部の山本俊政准教授で、海水でも淡水でも生存が可能な「好適環境水」を6年がかりで研究し、SW-Xと呼ぶ水を見つけ出し既に特許も獲得している。現在では、140トンの水が入る水槽の他、35トンの水槽も4基備え、ヒラメ、トラフグ、プランクトンなどを養殖している。しかも薬品は一切使うことなく、室内で養殖できるため、海洋汚染や台風・津波などの自然災害も無く、新たな養殖漁業を陸上で起こすことが可能となった。

プランクトンの養殖が可能ということは、海水池や干潟や潮溜まりを造ってミニ海洋を作り出すことも可能となる。回遊魚は無理としても、ポンプによって海辺と同じ波を作り出し、潮の満ち干も作り出すことができるため、汽水域でも生息できるスズキ・タイ等はもとより、タコ・エビ・カニ・シャコ・アサリ・ハマグリなどを養殖することができよう。

特に後継者不足と過疎化に悩む農漁村地域にとって、新たな養殖事業を会社組織で行うことが可能となる上に、天候不順で不漁の日や海難事故もないため、高齢者や女性でも従事でき、しかも価格が急騰することはなくなる。

当然ながら、カマボコのような練り製品事業も立ち上げることも可能となり、国内のみならず海外でも人気のあるカニカマなどは、地域の活性化に役に立つはずであり、嫁不足の解消にも役立つことになる。

3．世界の海運事情を一変させる潜水貨物船

（1）「一帯一路」を凌ぐには

中国の習近平国家主席が、中国とヨーロッパを海陸から繋ぐ経済圏構想として、「一帯一路」を発表したのは２０１４年11月である。

「一帯」政策とは、西安からイスタンブールまでの中央アジアを結ぶ高速鉄道網と航空路の建設であり、「一路」政策とは上海から南シナ海、インド洋、スエズ運河を経て地中海へと繋ぐ海の輸送ルートである。

２０１７年６月時点で既に80ヵ国ほどが参加を表明しているが、それは「一帯一路」地域の総人口が30億人に達する上に、ほとんどが発展途上国で占められているからで、中国は２つの構想を通して発展途上国へのインフラ投資と経済援助を行い、中国を中心とした世界経済圏の確立を目指せると予測している。

だが「一帯一路」の実態は、中国が覇権を獲得する一方で、国内の労働者に陸と海で職場を提供するための雇用戦略である。中央アジアに鉄路を敷き各都市のインフラを整備するとは言っても、建設に従事するのは中国人労働者である。

一方、「一路」戦略の狙いは、海上を利用しての欧亜貿易を独占することにあるが、そのためにこそ、中国は南シナ海を独占すべく国際的違法を敢えて行ってでも領有権の確保を狙っているのである。

またスリランカの港湾の整備も中国が中国人労働者によって建設したが、膨大な資金は中国からの借り入れであり、利息を含めるとスリランカ政府は支払うのに４００年もかかる。このため、支払いが終わるまでスリランカは港湾を使用できず、中国が軍港として１００年間を使用する取り決めを行っている。

さらに中国が北極海航路に力を入れているのも、南方海域を補助するための戦略でもある。理由は、世界貿易の90％以上が海上船舶によるもので、残りが陸上と航空輸送から成り立っているからである。

日本も、北極海航路の活用を考え、２０１５年11月に政府は北極海航路の調査のために、北極観測船（８７００トン）を建造し、平成32年に就航させて各種データを収集すると発表した。既に商船三井も２０１４年にロシア北部で生産される液化天然ガス（ＬＮＧ）を、２０３０年から北極海航路を経由して欧州や東アジアに定期輸送すると発表している。但し、北極海の氷が大幅に融けたとは言え、実際の航路は北極海上を航行する限りはロシアの沿岸部に沿う形で航行する方が安全である。その場合はロシアの砕氷船が必ず先導することが条件とされている。

しかし、世界貿易の90％以上が海上交通に依存している事実を真剣に見直す必要がある。即ち、日本から船舶を利用して到達する欧州や南北米までの距離である。

「一路政策」による南回りの貨物船の場合も、３週間以上の日数がかかる上に、スエズ運河通航料金も必要であり、途中の海賊船や嵐の危険もあり、効率の点から言えば北極海航路は圧倒的に有利である。だが、洋上ではなく潜水船によって貨物輸送ができれば、はるかに安全かつ効率も良くなる。

パナマ運河を通過してニューヨークまでは1万7600キロ以上あるが、北極海回りで航海すればニューヨークまでは9000キロで到達する上に、潜水のため海上の嵐などに遭遇することもない。無論、パナマ運河通航料も不要である。

しかも、液体水素を燃料とする船舶エンジンならば、極低温の液体を満載した燃料タンクは水深100メートルの海底であれば水温が低いから、より安全に航行できる。

鉄鉱石などを運搬するバラ積み船は、日本からパナマまで25日間かかり、スエズまでは42日ほどかかる。無論、米国沿岸から各種資源を欧州に輸出する場合も、巨大潜水貨物船を利用すれば、氷山遭遇の心配もなく定期時間通り欧州の港に到着できる。

欧州航路の場合も、横浜を出港してから巡航速度として毎時20ノット(時速37キロ)で航行し、ロシア沿岸部に沿うことなく潜水したままで北極海を通過すれば一日884キロ、

日本からの到着距離

日本からの到着港	日本からの距離(km)
サンフランシスコ(米国西海岸)	8,115km
パナマ運河	14,017km
ニューヨーク(米国東海岸)	17,599km〔北極海潜航12,000km〕
カルカッタ(インド)	8,737km
スエズ運河	15,432km
マルセイユ(フランス・地中海)	17,879km
ハンブルク(ドイツ・北海)	21,675km〔北極海潜航13,00km〕

11日間で９７３９キロを航行しロンドンに到達することができる。

日本から南回りでスエズ運河を通って、ドイツのハンブルク港までは２万１０００キロ以上あるが、ロシア沿岸部に沿うことなくベーリング海峡から潜航したままで、北極点の真下を通過すればハンブルクにもロンドンにも１万キロで到達できる。

現在の船舶では横浜からドイツまでは50～60日かかり、陸路のウラジオストクからドイツまでは25～30日もかかっている。上海からドイツまでも南回りならば、やはり50日を要している。

潜水貨物船の場合、例えば10万トンほどの巨大潜水貨物船ならば、潜水したままで北極海を航行できるため、ベーリング海から直接北海に面する欧州諸国に直行できるし、米大陸の東海岸へもパナマ運河を通過せずに直行できる。海底の航行であるから真冬の厳寒期であっても、また嵐が近づいた時でも海中に潜航して航行を続ければよいから、定期的に船舶を運行できる利点がある上に、ロシア砕氷船の先導も不要である。

一方、「一帯政策」の下、２０１６年１月に中国陝西省からシルクロードに沿う形で、ロンドンに到着した貨物列車が18日間を要していたことと比較すれば、潜水貨物船は１週間以上早く到達できる。

さらに、貨物船に積載する貨物は、その種類によって船賃は大きく変わるが、一般的には「基本料金」の他に「サーチャージ（割増料金）」がかかる。これは嵐や紛争などの被害を避けるために途中の港で長期間停泊したり、予定の港に予定日に到着できなかったり、到着してもたくさんの船がいて荷下ろし順番を港内で数日間も待機させられたり、クリスマスシーズンなどは特に長い待機となる。また、原油価格が高騰したりすると、直接船賃にも影響してくる。

（2）海運業界の奇妙な構造

世界の輸出入貿易はほとんど船舶と航空機で行われているが、そのうち、船舶が8割ほどを占めており、航空機による輸送は2割ほどである。そして輸出入に使用される船舶は大別すると、鉄鉱石などを運搬する「バラ積み船」、石油や天然ガスを輸送する「タンカー」、機械や日用品・食料品など生活物資を運搬する「コンテナ船」の3種類である。このうち、経営規模の大きい船会社は、利益率の大きい「コンテナ」船の保有が大きい。

コンテナを運搬するために建造された大型コンテナ船は、港の波止場に積み上げられたたくさんのコンテナをクレーンで効率よく船内に積載して出港し、到着地では桟橋に横づけして、クレーンで大量のコンテナを下ろし、待ち構えるトラックに積んで陸上輸送を任せる。

世界の港湾のコンテナの取り扱い量を見ると、1位から10位までに中国が7港湾もあり、他にシンガポール、韓国とドバイが入っている。11位から20位は欧州と米国の港湾が占めている。日本の横浜や神戸は20位にもランクされていない。中国や韓国あるいは欧米諸国の港湾がコンテナの扱い量が多いのは、荷揚げ用のガントリークレーンが巨大で、一度に大量のコンテナの荷揚げや荷下ろしができる上に、全てコンピュータ処理で行うため効率が極めて良いからである。

しかも、皮肉なことにコンピュータ操作による巨大ガントリークレーンの建設は、中国や韓国を始めほとんどの港湾設備を日本企業が請け負ってきている。また巨大なコンテナ船を波止場に横づけするには海底が深くなければならないが、海底の浚渫《しゅんせつ》工事も日本企業が行ってきているのである。

日本の建設省（当時）は、港湾の巨大化は必要無しとの考えであったが、結果として米国や欧州などからの貨物は日本の港を素通りして、効率の良い巨大港湾設備を持つ中国・韓国・シンガポールの港に向かい、日本への輸送は小さなコンテナ船によって運搬されている。同様に、ハブ機能を持つ中国・韓国・シンガポールなどの国際空港が、欧米や豪州などの旅客や貨物を運送している。

では、貿易に使用される船舶はどの国が建造しているのか。２０１７年度の実績を見ると、１００トン以上の鋼船を建造する造船会社のランキングでは、中国が１位で２３８３万トン、２位が韓国の２２４２万トン、３位の日本が１３０７万トンで、４位以下を大きく引き離している。しかし、中国や韓国が世界の造船量で１位と２位を占めることができたのは、全て日本の造船技術を供与されたからで、１９８０年度時点での造船竣工量は日本が１位で６０９万トンであり、韓国は52万トン、中国は３万トンに過ぎなかった。

韓国の場合は、日韓基本条約が締結された１９６５年以降、日本が造船技術を供与したからであり、中国は日中平和条約の締結により、日本が造船技術を供与したことから大躍進が始まった。ついでながら自動車技術も家電技術も、そして高速鉄道技術も空港設備も同様であった。

もっとも世界の商船船腹量は２０１５年度で12億１１００万トンあるが、パナマ船籍の船は２億２０００万トン、リベリア船籍が１億３８００万トン、日本は12番目で２４００万トンである。一方、主な貨物の海上荷動き量は世界全体で１０５億トンだが、日本の船舶は９億５９

00万トンを運搬しているに過ぎない。

ともあれ、こうした船舶を持って運営している世界最大の海運会社は、デンマークの「マースクライン」であり、2位にはスイスの「MSC」、3位がフランスの「CMA」である。

ところが、中国や韓国の海運会社の進出で、コンテナ船のシェアを奪われかねないとして、マースクラインやMSCは、合併する方向で経営悪化を防ごうとしている。そうなると、日本の海運会社はますます窮地に立たされることとなるため、商船三井や日本郵船そして川崎汽船なども合併の道を探らざるを得なくなっている。

さらに船舶業界の奇妙なことは、油槽船を含む1000トン以上の商船の船腹量を見ると、トップがパナマで、以下、マーシャル諸島、リベリア、香港、シンガポール、マルタ、バハマ、中国、ギリシャ、英国、日本の順となっている。これは税金対策のために便宜的に税の安いパナマなどに船籍を移しているからである。

紀元前の昔から地中海貿易で財を成したフェニキアやギリシャのポリス（都市国家）などが

世界の海運会社

企業名	所属国	コンテナ船保有数
マースクライン	デンマーク	565
MSC	スイス	474
CMA	フランス	428
長栄海運	台湾	206
中国海洋運輸集団	中国	106
ハパックロイド	ドイツ	151
APL	米国	122
韓進海運	韓国	115
中国海運集団	中国	135
商船三井	日本	110

「World Fleet Statistics」、「World Development Indicators」(2018年)等から作成

使用した船以来、海上貿易は風を利用した帆船の大型化と、産業革命以降のエンジンを動力とする船舶で行われてきた。

しかし20世紀初頭になると、石油を動力とするエンジンが開発されたことで、海中に潜る潜水艦や潜水艇が発明され、専ら軍事用として利用されて現代に至っている。だが商船を潜水船として利用するアイデアは、20世紀末まで２０００年以上に亘って発想されることはなかった。

日本の海運会社が中国や韓国、そして欧州諸国の海運会社に対抗するためには、船舶そのものの構造を変える起死回生のアイデアで対抗するしか方法はないのではなかろうか。

（3）潜水貨物船が世界貿易を変える

現在の貿易用船舶にとっての時間的ロスは、①台風・前線・濃霧・津波など天候不順を避けるための港への係留や迂回航路、②軍事紛争・民族紛争・海賊行為等から避難のための迂回航路、③船員組合のストライキなどによる港への長期間係留などがある。

２０１８年現在、日本は世界２２４の国と地域と貿易を行っており、１３６万人が在外邦人として活躍している。一方、現在の世界貿易における貨物海上荷動き量は、２０１５年で１０７億トンに上り、船腹量は世界合計で12億11万トンで、日本はこのうち2億２２６０万トンの船舶（6分の1）を所有しているに過ぎない。

世界人口の増大が進むと同時に、アジア、アフリカ地域で途上国を脱した新興国が増えているが、当然ながら彼らは先進国からの下請けとして製造業に力を入れることになる。このことは海上運送力が現在よりも数倍必要となることを意味するが、同時に製品や部品を輸入国に定時に納めることが求められよう。「時間」が勝負を決める時代となるのである。

ともあれ、12億トンの貿易用船舶は濃霧や嵐あるいは紛争を避けるために、通常航路を大きく迂回したり、長期間、港に係留せざるを得ない事態が発生し、結果として海上保険費用や船員の食費や給料も高くなり、生産者や消費者に跳ね返っている。

だが「潜水貨物船」が実用化すれば、「世界一正確な日本のJRや私鉄が誇る運航時間と同様の正確なスケジュールを組む」ことができるのである。要するに潜水貨物船は、濃霧や嵐、軍事紛争などを避けることができるため、定時に到着できサーチャージはほとんどかからない。

では、300メートルの長さを持つ10万トンもの巨大潜水貨物船の建造は可能であろうか。かつてソ連は、冷戦時代に戦略兵器として数万トンの巨大原子力潜水艦「タイフーン」を建設したが、冷戦後はこの船を潜水コンテナ船として北極海の氷の下を通過して輸送できる大型商用潜水船とする計画を進めていた。この潜水コンテナ船が積載できるコンテナの数は900個以上と言われ、波止場に横付けしハッチを開くと、コンテナ運搬システムによって30時間以内に積み込みが可能であるとしていた。ところが1991年にソ連が崩壊すると、タイフーン型原潜はもとより潜水型貨物船も市場経済への転換が困難として、計画は破棄されてしまった。

一方、米国においても1980年代にアラスカの原油を運搬するために、ゼネラル・ダイナミックス社がドイツに原子力潜水タンカー、または通常型エンジンを備えた潜水タンカーの建造を打診していた。その構造は全長が448メートル、全幅70メートル、深さ28メートル、LNG運搬量14万立方キロリットル、建設費7億ドル（525億円）というものであった。

アラスカからの石油タンカーにとって最大の障害は「濃霧」であったが、濃霧は北米東海岸の大西洋側でも氷山のリスクと共に現在でも貿易船や旅客船にとって由々しい問題となっている。

しかし、この案もアラスカから米西海岸まで、原油を運搬するだけの用途のため非効率的であり、カナダを通過するパイプラインの建設で解決する。欧州の北海にある北海石油を輸送するならば、大西洋を通常のタンカーで北回りを迂回して輸送した方が安全として計画は放棄された。

これに対して日本の地政学的位置は、欧州とアジアを北極海航路で繋ぐ上で最適であるから、潜水貨物船ならば砕氷船による貨物輸送よりリスクは低く、大量の貨物を南回りの航路より安全かつ早く輸送でき、コスト面から十分採算がとれるのである。但し、液体水素燃料を運搬する潜水タンカーの場合は、波止場に着岸した時点で地上からパイプを通せば積み上げ下ろし作業は問題ないが、一般貨物を運搬する潜水貨物船の建造には工夫が必要である。

旧ソ連が開発しようとしていた潜水貨物船は、コンテナ型貨物９００個を積載できる構造で、波止場に横付けした潜水貨物船はハッチを開いて積載し、積み下ろし作業ができるとしていた。水面下20～50メートルほどの海中を航行する潜水貨物船の甲板にハッチを取り付けられるかが課題である。航行中の空気取り入れは、数十キロを航行する毎に潜望鏡部分から空気を取り入れることで、エンジン稼働や少数の船内生活に支障をきたすことはない。いずれ、ＡＩによるロボット航行が可能となるため、酸素問題は大きな問題とはならない。

また北極点の真下を航行するのは、観光客を乗せた潜水船も可能であるから、欧州航路や北米航路から多くの外貨を稼ぐこととなる。それゆえ、旧海軍の技術を受け継ぐ日本の造船界が、旧ソ連が設計した潜水貨物船を開発・実用化すれば、900個とは言わず5000個以上のコンテナを積載できる潜水貨物船を建造可能となり、世界の貿易事情を完全に変えてしまうであろう。

潜水貨物船は水面下20メートルほどを航行するため、造波抵抗がなく、悪天候の影響も受けないし、もちろん海賊などの妨害も無い。燃料も、当初は液化天然ガスを利用するが、数年後に日本が液体水素ガス用エンジンを開発すれば燃料効率が良くなり、世界のあらゆる船舶は液体水素ガスを使うようになる。

しかし、技術流出を避けるために、他国には潜水貨物船は輸出せず、あくまでも日本の海運会社が独占的に使用するようにする必要がある。

当然ながら、不況に喘ぐ造船界の救世主にもなる。また、数年後にはＡＩ技術の発達で潜水貨物船も人工衛星からの指令によって確実に無人船となって貿易に従事する時代になる。既に経産省では定期的輸送に従事する無人トラックによる編隊行動を実験中である。

現在、中国の一帯一路政策によって、欧州各国の港湾作業の経営権を中国が取得する動きが加速されており各国とも警戒している。仮に潜水貨物船が多数のコンテナを積載して欧州の港湾に到着しても、中国系企業が荷揚げ作業を行うのでは、さまざまな妨害行為を受けてスピード運搬の効果が減少する恐れがあるから、欧州諸国には頑張ってもらいたいところである。

また地球温暖化等の影響による巨大台風や、巨大プレートの動きによる地震から、巨大津波が大洋を航行中の船舶を襲うリスクが増大しているが、潜水貨物船ならば、巨大な波浪や風雨を避けられるという利点もある。

巨大潜水貨物船などは夢物語と思うかもしれないが、２００４年時点で「宇宙エレベーター」の実現に向けて、米国が連邦議会から２５０万ドルの調査費決定を受けて実用化に取り組んでいることからすれば、潜水貨物船の実現ははるかに容易である。

また、中国が２０１７年９月に発表した時速４０００キロの超高速列車の開発に乗り出したが、中国にしても米国にしても、夢を現実化するべく予算と科学技術を全力で投入しているのである。

日本が長さ３００メートルもある巨大潜水貨物船を建造できると言えるのは、戦前に実績があるからである。それがイ-４００戦略潜水艦である。

（４）「７オーシャンズ・７スカイ」戦略

日米戦争が勃発し、ミッドウエーで敗北した１９４２年７月、海軍は山本五十六連合艦隊司令長官の命令を受けて、米国本土攻撃のために設計・製造が開始された巨大潜水空母「イ-４００」を構想した。

山本五十六大将は、日本から太平洋を横断し、マゼラン海峡を通過してワシントンの沖合まで航行し、そこから潜水艦に搭載した小型水上偵察機「晴嵐」を発進させてワシントンとニューヨークを爆撃するという構想を持った。これは、ドーリットル中佐による本土への奇襲空爆に対して、イ-25潜水空母艦による米本土爆撃が成功したことを受けて、山本長官が発想したものである。

イ-25潜水艦は、小型水上機を搭載する潜水空母で２５００トン、パイロットの藤田信雄中尉は、オレゴン州の森林に焼夷弾を投下し森林を炎上させることに成功した。都市への爆撃は多数の民間人を殺傷することになるため、これを避けて森林を炎上させるという日本人の戦争観が大陸民族とは決定的に異なることを示している。

ともあれ、燃料の乏しい海軍は、巨大潜水艦はワシントンを攻撃した後、再びマゼラン海峡を通過して日本に帰港するまで、地球を1周半できる長距離を給油せずに航海できる性能と、ワシントン攻撃のために小型水上艇「晴嵐」を搭載できる潜水艦18隻が必要と計算した。その結果、設計陣は長さ１２２メートル、最大幅12メートル、水上排水量３５５０トン、水中排水量６５６０トン、乗組員１９５名の巨大潜水艦を設計した。設計図は４７０枚に達した。当時の潜水艦の長さは60～70メートルであり、ドイツのUボートが67メートルであったことを考えれば、イ-４００は世界最大の潜水艦であった。

イ-４００の諸元性能としては、電波探知機を搭載し水上では７０００馬力、最大18・７ノットで航走し、水中では２４００馬力、６・５ノットで航走でき、安全潜航深度は１００メートル、燃料となる重油は１７５０トンを搭載した上に、晴嵐3機と魚雷・爆弾を保有していた。そして14ノットで水上を航走した場合、３万７５００カイリを無給油で航走可能であり、一たびエンジンを始動させれば4ヵ月間の連続運転時間が可能であった。つまり地球上のいかなる

イ-400戦略潜水艦

場所へも無給油で往復できる能力を保持していた。

イ-４００の設計を開始したのは１９４２年２月、起工は１９４３年１月に呉工廠にあった戦艦大和を製造したドックを利用し、進水したのは１年後の１９４４年１月、竣工したのは１９４４年12月であった。わずか２年で完成させて訓練を開始したのである。

しかし、１９４５年５月にはドイツが降伏し、戦艦大和も沖縄への特攻作戦で撃沈される戦局の悪化を受けて、米本土攻撃やパナマ運河攻撃をあきらめ、米軍艦艇が終結する西太平洋ウルシー環礁に対して特別攻撃を命じた。だが、攻撃直前になって、天皇の玉音放送を受信したため、攻撃をあきらめ日本への途中で米駆逐艦に拿捕され、ハワイ沖30キロの沖合で撃沈された。

イ-４００戦略潜水艦は今から74年前に２年半ほどの短期間で建造したが、当時はコンピュータもなく、建設機械や資材も現在から比較すれば極めて幼稚なものばかりであったが、技術者の知恵を結集して戦場で活躍できる性能の潜水艦を作り上げてしまったのである。それゆえ70年以上も前に、無給油で地球を半周するだけの能力を持つイ-４００を建造した技術力を持つ日本人技術者が、巨大潜水貨物船を建造できないはずがない。

潜水貨物船のエネルギーは当初は重油や液化天然ガスを利用してもよいが、いずれは液化水素ガスに代えれば、石油を輸入する必要がなくなる。さらに日本が水素燃料で動く船舶用エンジンを開発すれば、北極海を含む７つの海を効率良く運行させることができる（７オーシャンズ戦略）。現行の商船が20ノットで航行している速度を25ノット（タンカーも従来の15ノットから20ノット）に引き上げることができるため、世界のビジネス界と商船界に衝撃を与えずにはおかない。

　米国の政策研究機関「Ｃ４ＡＤＳ」によれば、中国は東南アジアからインド洋周辺に跨《また》がる地域諸国の港湾17ヵ所の整備や建設に投資を行い、中国船舶が商業用と軍事用に独占的に利用できる体制を敷きつつあると警戒している（読売新聞、２０１８年7月25日付け）。だが、長距離を潜水によって正確な日時で航海する巨大潜水貨物船の登場は、中国の「一路」戦略を無に帰させることになろう。

　一方、中国が「一帯」政策を推進するのに対して、日本は「７スカイ戦略」として「自力発進の巨大宇宙船」を宇宙旅行として使うだけでなく、世界７つの空域に超高速旅客機として利用できる。７つの空域とは、日本から北米、南米、インド、アフリカ、中東、欧州、豪州へと飛ぶ空路である。いずれも、日本の巨大宇宙船ならばワシントン、パリ、アルゼンチンまで30分で到着するであろう。

　実はＪＡＸＡの総合技術研究本部が、液体水素を燃料とする超音速旅客機のエンジンの開発を進めてきている。２００４年から開発し、２００８年に世界で初めて液体水素燃料を冷媒とする熱交換機を備えた極超音速ターボジェットエンジンの燃焼実験に成功し、しかもコンコルドの騒音の４分の１に抑えることに成功した。

　ＪＡＸＡは２０１５年７月には、スウェーデンの実験場を借りて衝撃波を弱める実験を行い成功している。日本の成功に目を付けたフランスは、現在日本と共同で超音速旅客機の開発を進めている。この極超音速ジェットエンジンは、50人の乗客を乗せた２００トンの機体を、最大速度マッハ５、巡航速度マッハ２で飛翔できる優れものである。

だが、自力発進の巨大宇宙船を建造できれば、極超音速ターボジェット機よりも、早く且つ大量の客を運搬できるから、真の「7スカイ戦略」を実現することになる。

即ち、自力発進の巨大宇宙船の役割は2つある。1つは超高速旅客機として世界中の至る所に30分で100人以上の乗客を運搬することと、もう1つは小型原子炉を積載し電力を生んでプラズマエンジンを噴射させて、本格的な宇宙探査と旅行に利用することである。いずれの宇宙船にもレーザー砲の搭載は不可欠であることは言うまでもない。

もっとも、航空機用の水素エンジンが開発されるということは、巨大宇宙船用水素エンジンや自動車用水素エンジンはもちろんのこと、船舶用水素エンジンや巨大ロボット用水素エンジンの開発にも、メドが立ったことを意味している。

特に、地上から自力発進する巨大宇宙船は、100人以上の乗客を乗せて飛行場から離陸するが、搭乗客は通常の旅客機と同様に座席に座ったままでよく、スクラムジェットエンジンを始動し始めて機体が地上80キロに近付いた時点で徐々に座席を倒すが、完全に座席を倒す必要はない。なぜなら、宇宙空間を飛翔する時間は、わずか20分程度で目的地に向かって降下を始めるからである。

空にしても海にしても運輸業はサービス業である。少しでも早く人や物を目的地に届けるビジネスは、企業にとっても国家にとっても利潤を生み出す「金の卵」なのである。従って宇宙と海洋の新ルート開設は、戦略的思考を持つ政治家の決断にかかるが、国民の支持も重要である。

既に、宇宙エレベーターや空飛ぶ自動車は、実現に向けて各国が開発に乗り出しているのである。巨大潜水貨物船を日本が建造できないはずはない。

4．パワーロボットと病院船は国際貢献

（1）必要な海底資源掘削用ロボット

21世紀の産業は、電子、通信などを利用した宇宙・海洋開発などが世界の主流となることが分かっている。だが、こうしたハイテク機器に欠かせないのが「レアメタル」や「レアアース」である。これら非金属類の埋蔵がほとんどない日本は、中国やアフリカから輸入せざるを得ない。だが独裁政権が支配する中国やアフリカ諸国からレアメタルを輸入しなければならないために、極めて不安定な供給状態にある。中国の場合には、徹底した反日政策を推進している国であるから、恣意的に輸出を止めたり価格を吊り上げたりすることを平然と行っている。

こうしたレアメタルやレアアース類輸出のコントロールから脱却するには、日本独自に新たなレアメタルや希土類を開発するしかない。レアメタルやレアアースの資源は中国やアフリカ以外にも米国やカザフスタン、モンゴル、ベトナムなどにもあるが、埋蔵場所が深く量も少ないため、中国と異なって開発費に厖大な費用がかかる。

あとは太平洋やインド洋など海底深くに存在するだけである。但し、海底にある熱水鉱床、コバルト鉱床、マンガン団塊などの場合は、地中に埋蔵されている数百倍～数千倍もの量が浅

海底や深海底に眠っているが、いずれも１０００メートル以下の深海底にあることと、海底火山のある地域に偏在している。

このうち、マンガン団塊は４０００～６０００メートルもの深海底にあるうえに、公海にあるため採掘を巡っては国際社会の同意が必要である。これに対して熱水鉱床やコバルト鉱床の場合は、比較的浅い海底にある上に、日本の排他的経済水域内にも多数存在するため、外交上のトラブルが無く開発を進めることが可能である。

そこで次に海底資源の様相を探ってみよう。

まず熱水鉱床は、海底火山の付近の海底に存在するが、鉱床に含まれる金属は、金、銀、銅、亜鉛、鉛、コバルト、マンガン、マグネシウム、タングステン、クロム、アンチモン等、レアメタルやレアアース類が多く含まれていることが分かっている。形はマウンド状や煙突（チムニー）状をしたピラミッドのような高さ30メートルほどのもので、海底１５０メートル以下から８００メートル付近に分布が確認されている。これらの採掘には深海潜水艇や海底ブルドーザなどの開発を進めればよく、現在の日本の技術者にとってさほど困難な問題ではない。

既に日本の中小企業では２００９年11月に、連合して水中ロボット「江戸っ子１号」という海底資源探査ロボットの開発に乗り出し、熱水鉱床やコバルト鉱床の採掘に本腰を入れ始めている。

もしもパワーのある掘削用巨大ロボットが完成すれば、多くのレアメタル（熱水鉱床、コバルト鉱床）が獲得できるから、日本の産業界にとって大きな推進力となる。また熱水鉱床が枯渇しないよう新たな鉱床作りも同時に行う必要もある。

ちなみに世界の鉱物資源の埋蔵量を比較すると、中国が多くの鉱物資源でトップを誇っていることが分かる。

日本は地上にある鉱物資源には恵まれていないが、世界第6位の海洋領土を保持しており、その海底にはほぼあらゆる鉱物資源が埋蔵されているから、開発に成功すれば世界最大の資源保有国となれるのである。これまでに確認されたわが国周辺の熱水鉱床の分布は、沖縄諸島周辺と小笠原諸島周辺に多数発見されているが、特に小笠原諸島で1997年に発見された「サンライズ鉱床」は、その範囲やチムニーなどの大きさと貴金属元素量の点で国内最大であり、中国などに依存しなくとも十分な量がある。これらの開発には有人潜水艇、深海用テレビカメラなどの探査機器類の他に、深海鉱床の品位を確認するための深海底用ボーリングマシンなどが不可欠である。

世界の鉱物資源産出量比較

鉱物資源	1位	2位	3位	4位	5位
鉄鉱石	豪州	ロシア	ブラジル	**中国**	インド
金	**中国**	豪州	ロシア	米国	ペルー
銀	ペルー	豪州	ポーランド	チリ	**中国**
鉛	**中国**	豪州	ペルー	米国	メキシコ
亜鉛	**中国**	豪州	ペルー	米国	インド
錫	**中国**	インドネシア	ブラジル	ボリビア	豪州
タングステン	**中国**	ベトナム	ロシア	カナダ	ボリビア
モリブデン	**中国**	チリ	米国	ペルー	メキシコ
バナジウム	**中国**	ロシア	豪州	その他	
マンガン	南ア共和国	ウクライナ	豪州	インド	**中国**
アンチモン	**中国**	ロシア	タジキスタン	ボリビア	豪州
レアアース	**中国**	豪州	米国	ロシア	インド

（World Bureau of Metal Statistics “METAL STATISTICS”2016年版より作成）

２０１７年に日本海洋開発研究機構の調査船「海嶺」が海底１５００メートルにある熱水鉱床から大量の熱水鉱床を採掘することに成功した。また、沖縄の海底に熱水鉱床を生成するために掘削した部分から、半年あまりで新たな熱水鉱床の誕生を見ている。

一方、コバルト鉱床は、海底８００〜２０００メートルほどの深海底にある、海山や海台と呼ばれる海底からの突起上の岩山などの表面に皮殻状に覆うアスファルト状の酸化物で、含有するのはマンガン、銅、コバルト、ニッケル、白金などの他レアアースも含まれており、小笠原諸島から中部太平洋・南太平洋全体に分布している。ただ、コバルト鉱床の場合は、海底の岩石などに固く付いているため、これを砕いて採取するためにはパワーロボットが必要である。パワーロボットは危険な鉱山やトンネル工事など、人間に代わって掘削作業を行うこともできるため、世界的需要にも応ずることができよう。

もっともコバルト鉱床については、日本はこれまでにも海洋調査船・第二白嶺丸が調査を実施して確認しているが、小笠原諸島海域の他には公海海域に分布しているため、国際海底機構の管理下にあり、公海海域の開発には国際社会との共同開発が必要である。

コバルトは電気自動車（ＥＶ）に必要なリチウムイオン電池の原材料であるが、世界の総生産量は約12万トン（２０１６年）しかなく、そのほとんどはコンゴ民主共和国が産出している。日本は、コンゴなど世界から１・５万トン（４％）を輸入しているが、中国は電気自動車の生産に全力を入れているため、コンゴを中心に世界のコバルト生産量の30％以上を占めている。

ところが、小笠原諸島周辺や西太平洋の深海低には、大量のコバルト鉱床が発見されているから、パワーロボットの開発はコバルト利用のハイテク産業にとっては、喫緊の課題でもある。

但し、パワーロボットの輸出は、中国系や韓国系の企業にはリースも売却も行ってはならないことは言うまでもない。また、外交的にもアフリカ諸国で「えげつない手段」で天然資源を奪取している中国に代わって、アフリカの人々が豊かに暮らせるような資源開発を推進して、鉱物資源を入手する努力も怠ってはならない。

海底資源の掘削にしても、中国は東シナ海の日中中間線で、日本との協定を無視して海底にある天然ガスや油田を無断で掘削しているが、この海底掘削技術を供与したのは日本企業である。中国は不正手段を使って先進国技術を窃取し、それを途上国などの資源を食い荒らす行為に利用しているが、これを封じるためにも日本は掘削ロボットの開発に全力を入れる必要がある。もっとも、パワーロボットと言っても、現在の技術では水深５００メートルぐらいが限度であるから、熱水鉱床の採掘程度に留まらざるを得ず、３０００メートル以下の深海で活動するには、耐圧できるボディやエンジンなどの開発が必要である。

中国は現在、日本の南鳥島や沖の鳥島などの海底付近を無断で調査しているが、放置すれば違法な掘削を行って海底資源を根こそぎ持ち去るであろう。軍事的なロボット兵として利用する可能性もあるからである。

（２）防災用に不可欠なパワーロボット

日本は世界でも最も自然災害（地震、津波、火山噴火、台風、洪水など）の多い国である。これは日本列島のよって立つ場所が、四大プレートの上に乗っているだけでなく、大陸や南方からの気圧の流れを最も受けやすい緯度にあるためである。

ドイツにあるミュンヘン再保険会社は世界最大の再保険会社で、保険料率を決定する際の目安として各都市の危険度をランク付けしているが、同社は２００５年１月に、世界で最も危険度の高い都市として、東京と横浜を指定している。その危険度は、東京・横浜ともに７１０ポイントで第１位であり、第２位のサンフランシスコの１６７ポイントを大きく引き離している。また、ロスアンゼルスは１００ポイント、大阪・神戸・京都圏が92ポイントとなっている。この１位と２位の差が５４３ポイントもあることは、日本列島がいかに危険であるかを証明していることになる。

事実、２０１６年４月には熊本県で、阪神・淡路大震災と同じ規模のマグニチュード７・３の活断層による地震が二度も発生しただけでなく、地震から数ヵ月が過ぎても毎日のように震度４以上の地震が起こっている。同じ年には鳥取地震が発生し、さらに11月には福島沖で再びマグニチュード７・４の地震も起きている。

もちろん、自然災害は地震だけではない。『国連防災白書（Global Assessment Report on Disaster Risk Reduction）』によれば、世界では毎年１億６０００万人ほどが被災し、約10万人の命が奪われ、約４００億ドルもの被害額が出ていると言われる。被災原因は、「地震・津波・火山噴火・豪雨・洪水・地崩れ・山崩れ・台風・竜巻・豪雪・海面上昇・山火事・熱波・寒波」などとなっている。こうした災害時に活躍できる装置としてパワーロボットがあれば、すぐにも被害者の救助が可能となる。

パワーロボットとは、３～５メートルほどの巨大ロボットで、ロボット内に人間が入って手足を操縦するか完全自律型ロボットである。例えば「マジンガーZ」や「機動戦士ガンダム」、あるいは「鉄人28号」などである。

周知のように日本は産業用ロボットでは世界の5割以上のシェアを持っている。例えば「日立建機」や「コマツ」などはパワーのある各種重機を製造しているので、これにAI機能を付与した自律型のパワーロボットを開発するのは、それほど困難なことではない。

群馬県の榊原政策所の南雲氏は、高さ8・5メートルの巨大ロボットを完成させた。人が入って操縦し前進したり後退したり、空気砲を発射するなど、アニメの世界から飛び出したようなロボットである。こうした巨大ロボットの両腕に、起重機と同じ装置を取り付ければ、土砂災害や地震による瓦礫で生き埋めとなった人々を、現場に乗り込んで救助できよう。

パワーロボットの燃料は、現在までのところはディーゼルエンジンとしての軽油でよいが、いずれは液化水素を利用できるようにしておく必要もある。

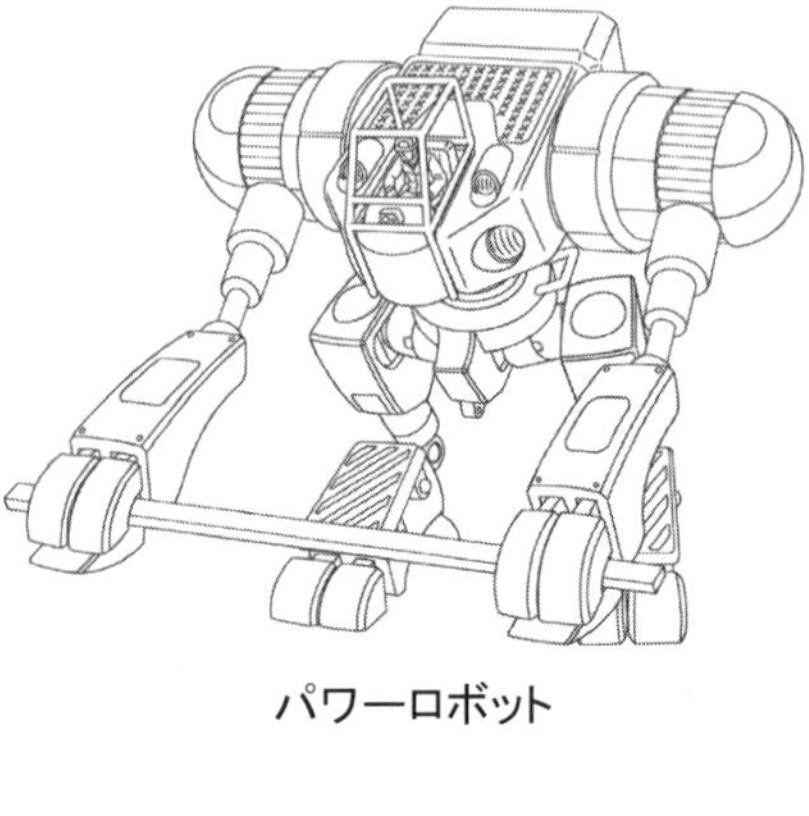

パワーロボット

事故などで海中や海底に沈んだタンカーや貨物船、漁船やプレジャーボート、そして時には潜水艦等の内部に閉じ籠められた乗員を救う方法として、海中での救出用にヒューマノイドの開発は不可欠となっている。数年前に韓国で高校生を乗せた船が沈没し、数百名の若い命が犠牲になった事故があったが、もしも8メートルの巨大なパワーロボットがあれば、海底下に沈没するのを防ぐことができたかもしれない。

東京消防庁は、「ハイパーレスキュー隊」を創設し、一台1億円もする災害救助車「サラマンダー」を持ち、瓦礫の中を走り回って被害者を救出する手段も備えているが、高額のため日本には1台しかない。

自衛隊では救難隊「FAST　FORCE」を立ち上げており、大震災発生時には1時間以内に被災地へ救援に赴くために24時間体制で待機している。自衛隊は戦後に創設されて以来、これまでの自然災害に3万2000回以上出動し救助活動を行ってきている。ただ、日本の災害は、地震・津波・台風・洪水・火山噴火・豪雪・豪雨など極めて多い。国土防衛がメインの自衛隊に災害救助活動を担わせることは、国家防衛やPKO活動に支障をきたすことになる。

災害に伴う救助や復興などは一義的には、地域の自治体・消防・警察が担っているが、災害情報発信や救助・支援なども含めて全国的規模で行う必要がある。米国が自然災害などを対象に2003年に「国土安全保障省」を立上げ、軍隊・警察・消防など17万人体制で災害対策を行っている。日本も国土交通省・消防・警察・自衛隊等の一部と気象庁から成る「国土安全省」を設置して対応すべきではなかろうか。

それが実現すれば、新たな国土安全省はパワーロボットを持つ緊急援助隊「サンダーバード」の構築が可能となり、そうなれば国内はもとより、海外の大規模災害に対しても直ちに出動し、人命救助もできる態勢を整えることもできよう。

また、地震に弱い日本家屋の建築資材に、日本が開発したセルロース・ナノ・ファイバー（CNF）は、鋼鉄の5倍の強度を持つ上に鉄の5分の1の軽さである。地震国の日本にとって強度が鋼鉄の5倍もある材料ならば、世界の常識を変える新たな資源となろう。

現時点では、CNFを大型資材にまでは開発できていないが、これが実現すれば原料は木材であるから、国土の6割を占める日本の森林を無限に利用できることになり、日本は一挙に資源大国かつ輸出大国へと躍り出ることができる。そのためにも、CNFを建設資材として利用できる大きさにまで開発する必要がある。

実用化すれば、プレートの境界にあって地震に悩む地域や国、例えば台湾、インドネシア、そしてカリフォルニア、メキシコ、チリ、ペルーなどの南北米大陸の太平洋沿岸、トルコを始めとする中東諸国、北アフリカ諸国、インド、ニュージーランドなどがCNFを購入するであろう。

(3) 病院船の派遣は途上国を救う

日本は世界の中で自然災害が最も多い国である。毎月のように日本のどこかで発生する豪雨被害や、数ヵ月毎に発生する地震や火山噴火被害と、被災者が減ることはない。

ただ、被災者の数が100~2000人程度ならば近県の病院などに分散して収容し、医療処置を受けることができるが、10000人を超える怪我人や重症者が出た場合は、病院の数は不足する。東日本大震災などは、その典型的例であるが、被災した負傷者の救出活動と同時に、負傷者の治療も早く行わねばならないが、病院自体が破壊されたために、収容先の医療施設の数が不足していた。

そこで必要となるのが「病院船」である。戦前は戦時国際法に基づいて日本も病院船を陸軍と海軍が所有していたが、戦後は、病院船を持つことは「戦争」を準備していると誤解されるとして野党などから強く反対され、建造できなかった。政府は東日本大震災を受けて、ようやく２０１３年に病院船建造のための調査を指示しているが遅きに失する感がある。

米国の場合は、１９８６年に米海軍がタンカーを買い取って病院船に仕立てたが、これは「マーシー級病院船」と呼ばれている。排水量は約７万トン、全長２７２メートルあり、医療設備として船内には１０００床のベッドと、12室の手術室を持っている。乗員は通常時は民間人12名と軍人58名が乗って港に係留されているが、活動時には民間人61名と軍人１２１４名が乗船し、最大速度は17ノットで行動するが、行動期間は約90日間である。

米国では７万トン級の同型艦として「コンフォート級」が建造され、東海岸と西海岸に常駐しているが、他にも小型の病院船を20隻ほど備えて緊急事態に対処している。特にマーシー級やコンフォート級は、米軍が海外で作戦を行う時には負傷者の収容・治療のために出動するが、軍事作戦が無い時には中南米諸国を回って医療事情の悪い地域で医療活動をして喜ばれている。

一方、中国も国家戦略として９２０型岱山級（アンウェイ型）の病院船を建造し、２０１０年８月～11月にインド洋に面したジブチ、ケニア、タンザニア、セイシェル、バングラデシュ等５ヵ国を訪問している。この時の任務では、１万２８０６名の外来患者が同船を訪れ、97回の手術に成功したとしている。

この病院船は、満載時の排水量が１万４０００トンであるが、６００床を持ち、８室の手術室と集中治療室、ＣＴスキャン、レントゲン装置等と大型ヘリ１機を搭載している。インド洋での成功に自信を得た同船は、２０１１年にカリブ海地方に再び「和平方舟（Peace Ark）」として派遣され、１０５日間をかけて、キューバ、ジャマイカ、トリニダード・トバゴ、コスタリカ等を訪問した。強引な外交や企業のえげつない商取引で信用を落とした中国も、病院船の派遣によって信頼と友好を築き、戦争以外の軍事活動によるソフトパワー戦略で巻き返しを図っているわけである。

『世界保健機関２０１４／２０１５年版』は、１万人当たりの医師数と病床数を各国毎にまとめているが、日本の医者の数は23・０人、病床数は１３７ある。これに対して中国は１万人当たりの医師数は14・９人、病床数は38である。他国の面倒どころでは無いはずであるが、国家戦略のために国内人民を犠牲にしてでも病院船を派遣している。

中国は２０１５年10月に、南太平洋に広がるポリネシア諸国とオセアニア諸国へ「和平方舟」を送り込み、医療の遅れている多くの島嶼から歓迎されている。だが、赤道地域の一部は戦前、日米戦争の激戦地となった地であり、日本としては経済援助も必要であるが医療面においても積極的に支援すべき地域である。

世界でもトップクラスの医療技術を持つ日本が、医療設備の遅れた太平洋諸島、東南アジア、アフリカ、中東、中南米等に病院船を定期的に派遣することは、先進医療技術を持つ国としての義務であり貢献でもある。病院船の定期的派遣は、青年海外協力隊と共に日本の外交・経済を大いに助けることになる。

病院船に乗船する医師や看護師は、退職した勤務医や薬剤師と看護師、新たに医学部・歯学部・薬学部を卒業した若手の人々でチームを組んで、世界の各地を回って国家のために貢献してもらえばよいのではなかろうか。

一方、医療行為によって外貨を稼ぐ方法もある。観光と治療を目的とした「医療ツーリズム」には消極的であったが、これは米国を始めアジア諸国では盛んに行われており、重要な外貨獲得手段に利用している。アジア諸国では、米国が認める「病院認証制度（ＪＣＩ）」の認証を受けた医療機関が医療ツーリズムを行っている。

日本の場合は、政府が２０１０年に「外国人患者の受け入れ促進」を経済成長戦略として進めており、２０１１年から医療滞在ビザを発給して外貨獲得に乗り出している。医療滞在ビザは、人間ドックから癌や脳外科など高度な先端医療までを含み、家族同伴で最大６ヵ月の滞在を認めている。そして２０１７年４月、国際医療福祉大学医学部が成田国際空港の近くに開学した。

また、高度な医療機器を製造してきた電機・光学機器メーカーなども医療機器の輸出も含めて、医療ツーリズムには積極的である。アジアでＪＣＩで認証された医療機関は、日本は13、中国46、韓国27、インド25、タイ44といった具合に、外国人患者の受け入れで外貨を獲得している国は多い。診療範囲は、癌、心臓病、肝臓病、脳疾患、整形美容、検査診断、整形外科など最新医療機器を必要とする医療である。

ただ日本の場合、受け入れ態勢が整っているとは言い難いのが実情である。一つは、医師の数が足りないことである。現在でも医師数は不足している上に、高額治療費を払う裕福な外国人患者が押し寄せた場合、日本人の患者が診療機会を狭められることになる。

厚生労働省は、医師や歯科医師の数が増えすぎているため減らす方向でいるが、高齢化社会を迎えて諸々の疾患が増えている。だが、病院船で多くの若手の医師・歯科医師を途上国に派遣することで、彼らは多くの経験を積むことができるし、新たな病原菌などに対処する治療方法も開発するであろうから、むしろ医師等の数を減らす必要はない。

途上国の患者で最も多いのは眼病と歯の疾患である。衛生状態の悪い水を使用している途上国では特に「目」に関する病気が多いから、眼科医の派遣が喜ばれる。また、日本の医師は途上国への貢献だけでなく、難病治療にも貢献してほしいものである。特に、盲目のために世の中の動きが全く見えない人々の視力を回復させる治療法を発見すれば、世界中の失明者を幸せに導くことができる。日本の眼科医に期待したい。

そして、もう一つが医師や看護師の外国語能力の問題である。外国人患者を半年間に亘って面倒を見るためには、医療スタッフ全員に語学知識が要求されるが、２０１５年時点ではごく限られた医療機関しか対応できていない。ただ、自動翻訳装置がスマホに内蔵されるようになれば、英語のみならずあらゆる言語が対応可能となるので、ＪＣＩの認定を受けることのできる医療機関は一挙に増大することになる。それゆえ、「医師数の増大」と「即時同時通話可能の自動翻訳装置」の完成が、医療ツーリズム問題を解決することになる。

第4章

英語より国語、数学、理科、歴史に力を

1．国語教育が立派な日本人を育てる

（1）小学生からの英語教育は間違っている

日本人は、1543年に種子島に鉄砲を持ち込んだポルトガル人から鉄砲技術入手の交渉以来、外国語が不得手なために異民族との交流・交渉で、常に損害を被ってきた民族と言えよう。江戸幕府が成立し、オランダ人やシナ人との交易を長崎・出島で認めはしたものの、彼らの言語と民族性そして国際的価値やレート等を理解できなかったために、法外な価格を鵜呑みにして輸出入を行った結果、大量の金・銀・銅や文化財産を流出させてしまった。また戦前・戦後を通して、日本人はその民族性のゆえか、対外発信が極めて下手である。もちろん、明治時代は欧米の技術・制度・文化を吸収するために、英語や仏独語を必死になって習得してきた。しかし、それは発信のための習得ではなく、吸収のための言語習得であった。

この習得のために、日本では「英語」を中学3年間、高校3年間、大学に進学した場合は、さらに英語が必修科目として2年間の義務が課せられてきている。中高だけで6年間、大学を含めれば8年間も英語教育を受けている。ところが、英語を母国語とする英米人などとの会話は、駅への方向やレストランの所在を教えることはできるが、それ以上の複雑な日常会話となるとなかなかスムーズに進められない者が多い。

しかし、日本へ旅行者として訪れる外国人は、英米人に限らずアジア人も欧州人も、中東やアフリカそして中米・南米からの旅行者も、ブロークンながら英語を話す。英語を母国語としない外国人に英語習得の年数を聞くと、ほとんどは1年から2年しか英語を勉強していない。なぜ日本人だけが英語習得に数年間もかけていながら、彼らとコミュニケーションができないのであろうか。

ちなみに、2015年3月に文科省が発表した高校3年生の英語力は、73%が中学レベルであったとしている（読売新聞、2015年3月17日付け）。日本人にとって外国語の習得がいかに難しいかを如実に語っている。

また2016年4月に、文科省が全国の中学生と高校生を対象にした英語テストの結果を都道府県別に発表した。これは英検の結果に基づくものであるが、文科省が目指す全国のレベルを50%としていたのに対して、中学校の全国平均が36・6%、高校の全国平均が34・3%であった（読売新聞、2016年4月5日付け）。

2017年4月に文科省がまとめた全国の公立中学・高校の生徒の英語力は、中学生が英検3級程度が36%、高校性が準2級程度が同じく36%で、文科省が予定していた50%には全く到達していない（産経新聞、2017年4月6日付け）。

このように英語が不得意なために、21世紀の現在においても国際政治・安全保障・経済・産業・科学技術・学問・観光・スポーツなど諸々の分野で、日本人は損失と不利益を被っている。

例えば、理系の日本人ノーベル賞受賞の数は23人（2016年）ほどいるが、経済学賞は一人もいない。これは、経済学は物理学や化学と違って、法則性や数値よりも言葉による「表現方法」が説得力となるからである。そうなれば、国際社会では英語が断然有利であり、日本語を英語に翻訳しなければならない日本人経済学者は極めて不利である。

文科省では英語の重要性に鑑み、小学校の段階から「英語教育」、とりわけ英会話に力を入れるカリキュラムを組み始めたが、筆者は必ずしも賛成とは思わない。なぜなら英語を始めとする大陸諸国の言語は「情報伝達手段」として利用されるのに対して、日本語は「情緒」を伝える言語であり、機能が異なっているために、日本人が英語を修得するには多くの時間を必要とするからである。確かに国際化の中で英語は重要な言語であるが、「言葉」というものは、民族の文化の中で最も大切なものであることを忘れてはならない。特定の外国語を小中高大と必修科目とし、しかもコミュニケーション言語とすることは、日本語と日本文化を大きく損なうことになる。

２０１６年８月に、文科相の諮問機関である「中央教育審議会」は、次期学習指導要領を発表したが、２０２０年から小学校の英語教育時間は年間、小学五年生70時間、六年生70時間となり、中学・高校も英語教育時間数を増やすとしている。

しかし一方で、教育を担当する教師の側に語学知識とディベートの習慣が無いことを計算に入れていないのではと思わざるを得ない。また、教師の英語力もさることながら、英米の文化や歴史も深く理解していなければ、子供達に間違った知識を教えてしまう。もっとも、日常会話をこなす程度の英語であれば、中学３年生程度で十分である。

だが文科省は２０１６年６月、中学校では英語の単語数を現行の１２００語から１８００語に増やすとしているが、英語を増やすことによって国語や社会など、他の科目が犠牲になる可能性が高い。

一方で文科省は、増大する外国人子弟や両親が日本語を理解できないことを解消するために、多言語翻訳ソフトを配置して教員らの意思疎通を図るとして、２０１８年度から横浜市や浜松市で実験的に配備したが、効果があったとしていずれ１００の自治体に設置する。この多言語翻訳ソフトは、ネパール語やベトナム語など30の言語に対応できる。

さらに小学校で問題となるのは、英語授業が増えることによって担任教師が従来行ってきた「家庭訪問」や「運動会」「学芸会」などができなくなっていることである。既に一部の小学校では、これらの行事を廃止しているところも出てきている。

小学校教師の場合、英語を専門的に教える知識は従来なかったために、改めて英語習得も始めなければならなくなっている。現在でさえ時間外労働が多いのに、更なる負担を強いることになるが、文科省は教師の負担を考慮に入れているとは思えない。

第一、幼児の段階から英語を教えることは、日本人としての文化・伝統、時として日本人としてのアイデンティティさえ失いかねない。バイリンガルが持てはやされて久しいが、日本語は日本人にとって精神的支柱なのである。繰り返すが、民族性は言語によって形成されるものである。

英語は学問ではなく意思疎通の「道具」であるから、道具と考えれば「機械」に任せることも可能である。しかし他の学問は機械に任せることはできない。機械による翻訳が始まったのを見れば明らかである。

多くの日本人は、東南アジア人を始め、中東、アフリカ、中南米などの人々が、ブロークンではあっても英語を巧みに話すことに驚かされる。彼らは語学上の天才かと疑ってしまうほどだが、実はこうした地域はかつて欧米諸国に植民地として長らく支配されてきた。彼らは日常に必要な欧米言語は自国語に訳して利用したが、難しい表現や学術・科学用語といった難解な用語は、自民族言語に訳すことなく、そのままの欧米語を受け入れてきたのである。

これに対して、日本人は江戸時代から西洋語であるオランダ語を、難しい表現はもとより、科学技術用語、医学・薬学用語など全てを日本語に翻訳し、日本人が理解しやすい日本語に直して利用してきた。こうした欧米言語に対する翻訳の流れは、明治維新となり欧米技術の習得に全エネルギーが費やされると、翻訳技術はますます加速され立派な日本的外国語として通用されるようになった。

つまり、外国語をそのまま利用する必要はなく、日本語に訳された言葉を使用できたのである。それゆえ、英語を話そうとする時には日本語に訳された英語と、文法を解き明かした上で英語に直し話さなければならない。無論、英語習得に苦痛を感じない者は、大学でも積極的に英語を修得して目指す分野へ進み、英語を駆使して活躍すればよいのである。

英語の得意な子供には、中学から英語専門教師を派遣して担当させ、不得意な子供のクラスは、根気よく教育すればよい。そして英語の得意な小学生が中学生になったら、得意なクラスには高校の英語専門教師を派遣させ、中学卒業時点でＴＯＥＩＣなどのテストで高得点を得られるような教育をすればよいのである。ただ英語が不得意でも、ノーベル物理学賞を取った名古屋大学の益川敏英教授のように研究内容が優れていれば世界は評価するのである。

現在、10歳の小学校4年生が10年後の20歳、さらに20年後の30歳になる頃には現在の職業の3分の1から2分の1は姿を消し新たな職業が生まれているのである。そうした急変の時代にあって、英語だけに力を入れても若者が厳しい国際社会を生き抜くことは難しいのである。

さらに、インターネットを利用して国際社会では商談も行われるが、日本語で発信する際に予め「英語」ボタンを押しておけば英語に翻訳されて相手のモニターに映るであろうし、海外から英語で来た文章も「日本語」のキーボタンを押せば、即英語に変換できるようになる。

(2) 日本語は情緒を育てる言語

日本人は大陸から隔絶した島国に居住し、縄文・弥生時代からコメを常食とする稲作民族であり、コメを作るには、他人との交渉や情報よりも「明日は晴れか雨か」という天候が生活をする上で最も重要な要因であった。つまり、情報を伝える会話能力や交渉能力は必要なく、天気さえ気を付けて見ていればよく、農作業のために「和」を大切に自分の主張を抑え、謙虚な言動に徹することこそが生きる知恵であった。これは、相手を傷つけることを恐れて、明瞭性を持たせず「あいまい」にし、相手をして発信者の意思を汲み取らせる方法なのである。

これに対して大陸民族のほとんどは、現代でこそ土地に定着した農耕民族としての生活を送っているが、エジプトに古代王朝が出現する以前の数万年前から、放牧や遊牧を生業としてきている。遊牧民族（または牧畜民族）にとっては、天候よりも優良牧草地の探索や肉牛や皮革・乳製品を高く売ることが重要であり、そのためには泥棒や野獣から牛や羊を守ったり、高く売れる街の「情報」と「交渉術」こそが生業を左右したのである。従って、相手に明確に意思が伝わるよう直截的であり論理的なのである。

大陸民族は遊牧・狩猟・騎馬民族として、時に戦争したり征服したり、奴隷にされるなどして異民族の土地に跨る生活をしてきた。異民族との意思疎通を素早く行うことが生きていく上で必須の条件であった。

異民族と常時接しなければ生存できなかった歴史が、大陸民族をして他民族の言語をいち早く理解し、自らの意思を正確に相手に伝える機能を発達させていったと考えることができよう。つまり遊牧民族にとって、言語は情報伝達やコミュニケーションツールとして論理性を重視し、且つ日頃から使い慣れなければならなかった。しかも少しでも早く確実に相手に伝える必要から、言語のスピードは速いほど良く、次の行動に移ることができた。

そこで大陸民族の使用する言語と日本語の違いを、「英語」と「日本語」で比較してみよう。まず、①文字数の違い、②音の違い（日本語は母音で終わる言葉が多いのに対して、英語は子音で終わる言葉が多い）、③英語は日本語と比べて母音の数が多い、④音節が異なっている、⑤語順が違う（日本語は主語＋目的語＋動詞、英語は主語＋動詞＋目的語）、⑥英語は言葉を使っていちいち説明をする、⑦日本語は音節をあまり意識しないが、英語は音のバリエーションが極めて多い、⑧日本語は「あいまいさ」が美徳とされる。

欧米の言語だけでなく、中国語の場合も欧州の言語と同様で、日本語とは語順が異なっている。以上から、大陸民族（遊牧民族）の言語は、一刻も早く情報を伝える言語であることが分かる。それゆえ日本語と比較すると、欧米言語のみならず、中国語やロシア語など大陸民族の話す言語は、いずれも話し言葉としてのスピードは日本語の２〜３倍はある。

これに対して、日本語は情緒や感情を伝える言語として完成した言語である。日本語は、奈良・平安時代から言語体系が確立し、文法のみならず言語の特殊性と民族の感情が豊かなために外国語にはない特殊な表現方法もたくさん持っている。例えば、和歌、短歌、狂歌、連歌、俳句、川柳、小唄、端唄、落語、浪曲、講談、謎かけ、駄じゃれなどがある。

江戸時代の中頃になって武家社会が凋落し、代って町人社会が台頭すると、風俗や人情、社会制度の欠陥、人生の弱点などを、17字の中に簡潔に風刺したり、機知や滑稽を巧みに取り入れる短詩が「川柳」となって現れた。

例えば「俳句」の効用について、俳人の夏井いつき女史は「俳句は人間の内面を浄化し、自分を客観視する効果」があるため、「体の細胞や世界の見方を変える効用もある」と述べており、実際「ひきこもり」の人に効果があった事例も話している。現在では「俳句」は、欧州諸国を始めアジア諸国でも人気で、自国語で俳句を作って楽しむことが流行している。

また、川柳は俳句と違って季節や切れ字などの制約がなく、ほとんどが口語を用いて庶民の間に流行したが、時代を経ると低俗化し狂句と呼ばれるようになった。

つまり、情緒言葉としての日本語は一語一語に深い意味があるため、話し手は相手が一語に続く意味合いを汲み取ってくれることを期待し、聞き手は簡単に受け流すことはできず相手の真意を考える必要がある。禅宗のお坊さんや武士の言語は、一を話せば相手は二も三も理解しなければならない。

つまり、日本語は情緒ある人間を育てることに繋がるが、大陸言語から情緒を読み取ることは少なく、人間性を育てることは不可能である。欧米を始め大陸諸国の犯罪発生率が日本と比較して異常に多いのも、こうした理由によるのかもしれない。

禅やサムライ文化で育ってきた情緒社会の日本では、ペラペラと饒舌に喋る人は評価されず、逆に沈黙を保って何も発しない人物の方が立派と評される。外国人との交渉においても、日本人は二か三を話せば相手は四も五も理解するはずと期待するが、外国人は一しか理解できず、逆に外国人は日本人が二から五までを話すであろうと待つが黙ったままである。この結果、相手はミスアンダースタンディング（誤解）の坩堝《るつぼ》へと嵌《はま》り込み、交渉事は失敗するケースが多い。

逆に、遊牧民族（大陸）の世界では、自分の伝えたい一つの主張を四にも五にも、時には十にまで拡大して自己の論理を作り上げ、両手を駆使するだけでなく相手を納得させ説得するためにペーパーまで用意する。こうした民族からすると、沈黙をしている者は、自分の意見を持たない馬鹿としか映らない。

また「日本語」は、英語やフランス語などと同様に、言語体系である文法や文章表現が完成された言語である。つまり日本人にとって、大陸民族の情報のための言語を修得することは、莫大な時間とエネルギーを必要とする。

一方で、日本人でバイリンガルを駆使できる人は、外国で生まれて育った後日本で教育を受けた人に多いが、こうした人は通訳者としては完全であっても、往々にして日本文化や歴史に疎いだけでなく、専門分野の知識にも欠ける場合が多い。

言語体系の発達が遅れたままで近代社会に突入したインドやアフリカ、中東諸国、そして中国語や東南アジア系の言語などは、自国言語を修得するよりも言語として完成された欧米系言語を修得する方が早いし便利な場合が多い。それゆえ、自国語の他に第二公用語として外国語を公的に認めている。その結果、これらの国民は母国語である自民族語と同じように英語やフランス語などの外国語を話せるようになるため、欧州列強の植民地とされた地域では、二ヵ国語を公用語として使用している国が多い。

国際化の進展で外国人と話す機会はとみに増大しているが、日本人の美徳として聞き上手であっても話しは不得意である。だが、下手な英語を使わなくとも、即時に日本語を英語に翻訳して相手と交渉のできる「自動翻訳装置」ができているから、これからの教育は交渉能力を磨けばよいことになる。

小中高や大学の授業においては、生徒達が教師に対して日本語でよいからすぐに疑問や質問をするよう、あるいは生徒同士で議論ができるよう、教師はそうした指導をする必要がある。

（３）自動翻訳機は全ての日本人が利用でき生産性を上げる

外国語を自動的に日本語に翻訳する「自動翻訳機」の機能が、日進月歩の勢いでアップしている。

日本の通信機器メーカー「ソースネクスト社」が開発した「ポケトーク」は発売当初、63言語に対応した双方向の自動翻訳機として話題を呼んだが、２０１８年９月に発売した「ポケトークW」は初代ポケトークの性能が大幅にアップした。対応言語も73に増え、翻訳スピードも平均0・6秒という、通訳がいるような驚異的な精度のものになった。

2017年10月には、グーグル社やライン社がAI機能を持つ「AIスピーカー」を販売し始めた。AIスピーカーを体験した新聞記者によれば、会話は完璧に対応しまるでSF映画のようであったと感想を述べている。

国立研究開発法人「情報通信研究機構（NICT）」の「ボイストラ（VoiceTra）」改良版は、スマホでも使える無料のアプリで29言語に対応している。旅行会話程度ならば日・英・中・韓・タイ・インドネシア語など6言語が実用レベルに達しており、大阪弁も認識できるようになっている。例えば「もうかりまっか?」は「How is your business going?」となり、「ぼちぼちでんな」は「So so」といった具合である。

この自動翻訳装置の改良前のバージョンを、様々なTOEICのスコアの持ち主と翻訳力を競わせたところ、TOEICで600点相当、英検なら2級に相当する実力であった（読売新聞、2015年11月10日付け）。NICTでは、既に装置の中に地名、医療用語、サッカー用語、地震用語など8万語を追加したが、医療用語は病院で実証実験できる水準にまで達しているという。他言語を的確に日本語に翻訳することが求められるのは、外交、ビジネスや海外旅行だけでなく、救急医療や災害現場などの他に裁判においても必要となっている。

1986年に発生した「ジャカルタ事件」の裁判員裁判が2016年11月に東京地裁で行われた。ところが、インドネシア語を通訳する人物の通訳ミスが200ヵ所以上あったことが問題となった。日本には2016年現在で2709人の外国人犯罪被告がいるが、最多が中国人被告で32%、以下ベトナム人18%、フィリピン人9・3%などで、他にもポルトガル語、スペイン語、タイ語、朝鮮語、ペルシア語、シンハラ語など使用される言語は39言語に及んでいる。このため、現在の日本では法廷通訳人として61言語、３８４０人が登録されているが、公判は通常、適度に区切りながら訳す逐次通訳で行われている。

しかも、これら英語以外の言語を日本語に通訳できる人材はなかなか見つからず、裁判所が採用する通訳者は試験もなく、正式な資格もないから通訳能力に差があり、被告も原告も事件の正確な状況を伝えることができていない（読売新聞、２０１６年11月25日付け）。双方向の自動翻訳機の実用化が待たれる所以である。

ところで、２０１７年にＯＥＣＤが発表した主要国の「労働生産性比較」では、日本は20位であった。生産性の算出方法はＧＤＰを人口で割った数字として出るが、日本は工業生産に関しては高い労働生産力があるが、金融・不動産・商業・サービスなどの面では低い。

国際化の進展している現代では、世界中に企業は進出しているが、欧州人などは一人で数ヵ国語を操ることができるのに対し、日本の営業マンは「通訳者」を雇わなければビジネスが進展しないケースが多く、勢い一人当たりの労働生産性は落ちることになる。

生産性１位はルクセンブルク、以下、アイルランド、ノルウェー、スイス、米国、オランダ、オーストリアと続くが、日本より前のランクは全て欧州諸国である。これらの諸国は、労働時間が極めて少ないにも関わらず生産性が高いのだが、大きな理由は二つある。

一つは、製造業よりもサービス業が盛んであること、そしてもう一つは、サービス業や製造業に従事する労働者が、営業関係にしても技術関係にしても皆外国語を二ヵ国語以上話すことで、時間的にも経済的にも無駄が少ない。

彼らは海外支店での危機管理面でも、数ヵ国語に通暁しているため、迅速な処置を施すことができている。これに対して日本企業の場合、進出先では必ず営業・法務・技術関係の専門通訳者を雇用しなければならないし、パンフレットの作成も英語を始め現地の言語に訳した宣伝用資料の作成にも手間暇がかかるため、生産性は大幅に落ちることになる。

日本政府は2020年の東京オリンピックまでには4000万人の訪日客を見込み、2030年には6000万人の訪日外国人客を達成したいと意気込んでいる。

実は1964年の東京オリンピックの時、筆者は大学4年生であったがオリンピック組織委員会にフランス語の学生通訳として採用され、プレスセンター・外国報道室で働いた経験がある。その仕事内容は、外国人記者に対して政府との取材調整、競技種目のスケジュール、医療施設の場所や、ホテル等との連絡等々であった。

競技が終わって食堂などで彼らと一緒に食事をする機会があると、日本文化から娯楽、食べ物、音楽、観光、時には軍事、科学、政治問題など諸々の質問をしてきた。もちろん、筆者の会話能力や知識では完全に答えることができず、しばしば往生した。これは2020年のオリンピックの際も必ず起こる問題である。道を尋ねたりバスの停留所を教える程度ならば、英語に限ってならば中学3年生の英語力で十分であるが、専門分野にわたる会話は一通訳者の能力では無理である。

2017年3月に、南スーダンでPKO活動に従事する自衛隊員が、現地の商店で物資の買い物中に現地兵士によって拘束された事件が起きたが、この時、自衛隊員が自動翻訳機を持っていれば、スーダン語で説明ができ拘束など起きなかっただろう。

自動翻訳機が普及すれば、英語を話せない世界中の人々が安心して日本旅行に出かけられるし、日本には億単位の観光客が訪れて日本文化（武道・日本食・日本語・芸術・建築など）を満喫することができるであろう。

総務省は、２０２０年をメドにＡＩを使って人の感情を読み取り、喜怒哀楽などを表現できる翻訳機の開発を目指している。例えば、人が「静かに」、「お静かに」、「騒ぐな」、「うるさい」、「黙れ」などと発する時、その表情は違うわけであるが、この音声をＡＩが認識して外国語の音声に翻訳するシステムである。

観光客の多い京都では、災害に備えるため現場で緊急の救護所となる大型の特殊救急車「スーパーアンビュランス」導入を決めている。また海外青年協力隊や自衛隊のＰＫＯ活動においても、意思の疎通は極めて重要であるが、双方向の自動翻訳機があればコミュニケーション問題はほとんど起こらず、危険・危機に至る前に、問題は解決されよう。

２０１８年現在、通訳業の資格を持つ者は2万人を切る状態で大幅に不足しているが、自動翻訳装置を備えれば、通訳業も不要となる。つまり通訳者や中高大学など、語学で飯を食う職業は早晩不要となる可能性が高く、今から考えておく必要がある。

また英語能力に秀でても、世界言語人口の多いアラビア語やスペイン語あるいはロシア語やフランス語そしてトルコ語圏の人々と、意思疎通を図ることは難しい。まして少数言語のモンゴル語や東南アジア諸言語、アフリカ諸部族語などは、直接コミュニケーションを行うことは困難である。

本来、多数の言語を持つ国家が集まる国際連合総会などで、使用人口が多いからと言って特定の言語を国際的共通語とすることは、米英などの国民にとっては極めて有利であっても、語学の下手な日本人にとっては著しく不利である。

世界には7000を超える民族・部族が存在しているのである。英語などを介在せず直接彼らの言語で会話出来れば、確実な意思疎通ができるので平和や安全そして医療や危機管理に大きな力を発揮するはずである。

首脳会談の際に首脳達の間に立つ同時通訳者が、たまたま意味が理解できなかったり、体調が悪く間違った表現で通訳してしまえば国益を損なう事態にもなりかねない。

ニクソン大統領（当時）が日本からの繊維製品が集中的に米国に輸出されていることに抗議した際、佐藤栄作首相（当時）が「善処する」と答え、その通りに翻訳された。日本では政治家や官僚が使用する「善処」は、「あなたの言うことは分かったが何もしない」という意味で、通訳は「キチンと対応する」と訳したため、後で日本は報復を受けたことがあった。

それはともかく、自動翻訳機の出現は、携帯電話の発展から遅れを取った日本の情報通信産業にとって、自動翻訳装置を組み込んだスマートフォンを実用化すれば、世界のスマホを席巻してしまうであろうし、経済的効果も極めて大きい。

例えば、米国アップル社が販売する「アイフォーン」には多くの日本技術が使われているが、アップル社に部品を納入している日本企業は865社、取引額は3兆6000億円、国内アプリ開発者は44万人、アプリ開発者の収益は1兆円にのぼっている。

現在の通訳者は、それぞれが専門分野の通訳を行う時は、改めて専門用語を勉強しなければならないが、自動翻訳装置の場合は既に、あらゆる分野の専門用語が組み込まれているため、一台あれば十分に専門用語を駆使して会話ができる。会話能力は、経済用語を始め法律、医療、軍事、科学、技術、貿易、環境、宇宙、娯楽、歴史、文化、宗教、教育、行政、食糧、危機管理、国際法規等々、一人の通訳者では不可能な分野を網羅することが可能なのである。

現在、開発され実用化されている自動翻訳機は、あと一歩のところまで来ている。総務省が開発している自動翻訳機が、２０２０年までに一台の機械で即時同時に会話者である日本人と外国人の言葉を翻訳できるようになる時代が近付いている。

もちろん、日本からあるいは外国からネットを使って、注文したり交渉したりする時も、それぞれの相手言語ボタンを押せば同時に翻訳されて、相手のネットに表示される時代となっている。むしろ、国際化を迎えて日本人が克服しなければならないのは、論理的な文章力である。そのためには数学の知識が不可欠なのである。

2．国際化時代に求められるのは数学・科学の知識

（1）数学教育こそ国際化時代に不可欠

21世紀は、国際化が急進展するために、語学とは別に論理的思考を持つ大陸国家の人々と外交やビジネスを行わなければならず、英語教育に時間を割くよりも数学的思考や発想が一層重要となってくる。

なぜかと言うと、幾何学にしても代数学、果ては微分や積分にしても、各種の問題から得られる解答はたった一つである。３０００年の昔にギリシアでユークリッド幾何学が誕生したが、あらゆる条件や可能性を考慮した結果、そこで得られる「解」は一つであることが証明され公理（準）となった。ギリシャに発達したユークリッド幾何学における全ての定理が、わずか5つの公理で説明できることで、やがて古代ヨーロッパ社会に広まっていった。５番目の公理は本当は公理ではなく、他の４つの公理から導き出されるとして、新たな仮説を立てたのがロバチェフスキーで、公理を仮説と考え、これが非ユークリッド幾何学として発展した。

ユークリッド幾何学や哲学は、物事の真理を追究する道具として発展し、その後ローマ帝国に受け継がれヨーロッパ中に広がったが、重要なのは、公理（結論）に至るには、あらゆる考

えや条件は論理的に進めることが「不可欠」とされたことである。その結果、法律・経済を始めとする人間社会の物事は、全て論理的かつ整合性ある結論へと進める方法の根幹をなしてきたことである。

この「ユークリッド幾何学の公理は一つ」という事実を見て来た彼らは、政治や法律そして経済の世界においても、結論となる「共同声明」、「条約」、「同盟」や「条文」、「契約」などを結ぶ時には、あらゆる条件を検討し、後から問題が起きないようにした上で相手と決着していることが不可欠と認識してきた。

つまり結論（契約や条約など）は、あらゆる事象を考慮した末に導き出さなければならず、ひとたび結論を出した時にはお互いが絶対に守るということである。外交において、他国と成立した「共同声明」や「条約」などは両者が合意して成立したものであるから、後で勝手に解釈して変更してはならない性質のものである。

ところが、そうした公理概念のない日本や中国あるいは韓国などでは、共同声明で双方が戦争賠償の請求権を放棄したと謳っているにも関わらず、個別的な案件が条約に記載されていなかったとして、被害者補償や遺棄化学兵器に関して改めて条文を追加することとなる。１９６５年の日韓基本条約で、双方は全て戦前の賠償請求を放棄すると定めていたにも関わらず、40年後になって「慰安婦」や「徴用工」の補償がなされていないとして、韓国は官民挙げて日本を非難し補償を求めている。

また、１９７２年の日中共同声明においても、戦前の損害賠償の請求権は相互に放棄するとし、尖閣問題は後の世代に解決を求めるとした鄧小平の理屈で、曖昧のまま共同声明が出されてしまった。結果は、現在の尖閣問題を見れば明らかである。

経済の取引において契約を成立させても、契約書の最後に、「もしも契約後に新たな問題が発生した時には、改めて両者が協議する」などという付帯条項までつける場合が往々にしてある。欧米社会では「付帯条項」など付ける必要がないのである。

著名な数学者であり政治学者、経済学者でもあった故・小室直樹氏は、政治にせよ経済にせよ数学的思考が欠けている日本人は、国際社会から取り残される危険があると警告している。彼は、数学的発想から来る「契約の概念」を知らない外交や経済では、外交音痴や経済音痴となると指摘しているのであるが、数学の論理を理解していれば、大陸諸国との政治・経済関係に遅れを取ることはない。

小室氏が指摘するのは、日本人は非論理の社会に生きており、欧米諸国や大陸国家は論理の世界に生きていることで、日本的あいまいさは国際社会では成り立たないということである。そして、数学的思考こそ論理の世界であり、科学の発展のみならず「法の精神」や「所有の概念」の本質を理解し、「罪刑法定主義」などを否定する不思議な日本を改める必要があると述べている。

こうした数学の論理を小学校6年までに全ての子供が理解できるようにするためには、理解力の遅いクラスを別に作って対応し、逆に理解力の飛び抜けて早い子供の場合も、別にクラスを設置することも検討すべきであろう。

実は、小学校高学年段階から中高生、さらに大学生まで数学を面白く教える方法として「グラフ電卓」という教材がある。30数年前の１９８５年にカシオが初めてグラフ電卓を開発し、

１９９０年にはテキサスインスツルメントが開発・販売したもので、一台６０００円ほどであるが、一次方程式や二次方程式は無論、関数や微分・積分などの高等数学の分野までを、グラフを表示することで理解を助ける電卓である。

既に20年以上前から米国やカナダ、さらにオーストラリアやインドネシアなどでは、中高生から大学生までグラフ電卓を取り入れて、数学知識の向上に努めている。日本では一時、高校や大学で取り入れる機運が生じたが、教える側の教師の数が少なかったため、尻切れトンボとなってしまった。文科省もグラフ電卓の効果が分からず放置されてしまった。

数学を好きになれない子供が多いが、グラフを見ながら計算を見られるので、数学の嫌いな子供の理解を大いに助けるはずである。今からでもグラフ電卓を取り入れるべきであろう。米国では中学生はもとより高校生も大学生もグラフ電卓を利用して、数学理解に役立てているのである。

小中学校の英語教育に大勢の外国人を雇用したり、小中高の先生を英語研修に出すために莫大な費用をかける愚は避けなければならない。

（２）視野の広い科学教育が未来を拓く

一方、小中高における理科教育は、米国を始めとする主要国では科学教育と言われているが、日本でも高校では、物理や化学、生物として行っている。

ただ、理科教育は自然を捉える場合、その背後にある法則性と、役に立つ「術」の対象として技術も考えなければならない。このため、中学や高校の理科教育においては、教室で自然界の法則や理論などを学ぶが、現代においては、電子、イオン、運動法則、エネルギー、そして生物の進化などが重要となっているが、教室授業では取り上げられていない。

また実験室では各教科の技術を修得することになるが、費用が無いために実学としての科目が疎かにされている場合が多い。現代では、各種技術を直に見ることができるので、これの活用次第によっては生徒達の科学への興味を大いに刺激することができるのである

例えば、ラジオやロボットの組み立てなどがそうであるし、米国では3Dを使って人体模型を作成したり地形を3Dで造り出して、生徒の興味を刺激している。実を言えば、3Dの技術は日本人が30年も前に開発したものであるが、日本の中高では未だ利用されていない。3Dを使えば、物理・化学・生物など多くの理科教材だけでなく、地理や歴史にも利用できるので、子供達の理解力を進め新たな想像力を掻き立てることにもなる。

一方、高校生の勉学に対する意欲や好奇心の調査などは、文科省やOECDなどでしばしば行われる。即ち、英・数・国・理・社などについて、「勉強は受験に関係なく好きだ、あるいは大切だ」という質問に対して、日本の15歳（高校1年生）の回答は、高い順に英語、国語、社会、数学、理科となり、理科が最も低い。また、PISAの調査では日本の高校生の成績はOECD加盟国を上回るが、「科学的態度」の調査では極めて低い水準にある。「科学的な課題に適切に対応できる自信」、「理科を何に役立てるために勉強しているかの意識」、「科学に関連する活動の程度」、「30歳時に科学に関連した職業に就くことの期待」などでは一番低い所にある。

21世紀の現代、日本は技術立国を目指しているわけであるから、新たに開発された技術を学校教育に取り入れる必要があろう。つまり社会などで歴史博物館などの見学が行われるように、理科系の見学先として宇宙科学館や製薬工場、あるいは自動車・造船工場見学などは、生徒の「モノ創り」意識を大いに高めることになる。

ロケットの打ち上げ現場や航空機製造現場、あるいは海上自衛隊の潜水艦での各種訓練技術、航空自衛隊の無重力装置などの見学も、危機管理技術と併せて生徒達の知的好奇心を刺激することになる。もちろん、陸上自衛隊が持つ架橋技術なども防災技術の一環として見れば、災害大国としての日本の将来に役に立つはずである。

但し、こうした各地の見学費用は、文科省が各学校に割り当てなければ実施は無理である。現在の文科省予算が５兆円程度で、文部行政と科学技術行政の二分野に割り当てられているが、これでは中高生が見学地に出かけることは不可能である。

２０１８年版の「科学技術白書」が２０１８年６月の閣議で決定したが、白書によると日本の研究者による論文数は、２００４年の６万８０００本をピークに減少し、２０１５年は６万２０００本となった。同じ期間に中国は約５倍に増えて24万７０００本、米国は27万３０００本であった。また白書は大学に対し、会議を減らして教員らが研究に割ける時間を確保することなどを提言しているが、一方でポスドク（Post Doctorial）への対策はない。

１９９０年代に科学技術の重要性が叫ばれ、文科省は大学に対し理系学生への博士号取得を積極的に推進させた結果、多くの博士が誕生したが、２０００年代になると少子化が始まった結果、博士取得者の大学教員への道が塞がり、20代後半の年齢となる博士取得者のため、民間企業でも雇用しない状態が続いている。

2018年現在、理系のポスドクは4万人ほどいるが、彼らポスドクは研究とは関係のないアルバイトで生計を立てざるを得ない。だが米国の場合、大学にもよるがポスドクには年間300万円ほどの援助をして、引き続き大学や民間の研究所で研究を持続させる政策を取っている所が多い。彼らは、そうした中から新たな成果を出したり、仲間とベンチャーを立ち上げるなどして世の中に貢献しているのである。日本のポスドクを救うためにも、政府は前述してきた新たなプロジェクトを立ち上げ彼らを雇用する必要があろう。

そして自動翻訳機の脅威的な発展により、誤った歴史認識が世界に拡散している外交的課題を解決できることが可能となっている。

まずは世界が対日誤解をしている事例などから取り上げよう。

３．世界に広がる対日誤解を糺すには

（１）ソーシアルメディアの時代

２０００年代に入ると、スマートフォンが爆発的に普及し始め、いわゆるソーシャルメディアの時代となった。ソーシャルメディアとは、新聞やテレビあるいはラジオなど一方向からの情報発信に対して、インターネットを通して、誰でも情報を発信し且つ相互にやり取りができるメディアのことである。

代表的なものは、フェイスブック、ブログ、ツイッターなどがあるが、いずれもスマートフォンを介して簡単かつ即座に相互で発信が可能である。つまりマスメディアと言われる情報を流す主体が、テレビ・ラジオ局、新聞社、雑誌社などが主体であるのに対し、ソーシャルメディアは個人が主体となって発信するものである。

この個人主体のソーシャルメディアが世界に激震を走らせたのが、２０１０年にチュニジアから始まった「アラブの春」で、一市民が発した情報が引き金となって北アフリカ諸国の政権を次々と崩壊させ、内乱にまで発展させた。当然ながら石油価格が大きく変動し、国際経済にも大きな影響を与える事態となった。

さらに、ソーシャルメディアはフェイクニュースを作り出すことが可能である。例えば2016年の米大統領選挙戦において、トランプ陣営は、対立する「クリントン候補がＩＳに武器を売却した」などの虚報を流したと言われている。

ソーシャルメディアやフェイクニュースサイトの出現は、国家の安全保障のみならず、企業や製品そして教育機関などに対しても行われる危険があり、国際経済社会や歴史認識分野で相手国を誹謗中傷する手段に利用される。特に、外国の地において意図的に日本を貶める虚偽の情報、例えば「南京虐殺」や「従軍慰安婦」などをスマートフォンを使って発信された場合、日本政府は打つ手がない。国内であれば、フェイクニュースサイトを規制することができても、外国政府には規制して欲しいと頼むしかない。

過去の国際社会の歴史を振り返れば、15世紀以来、白人による植民地獲得が世界的に拡大した結果、20世紀に至るまで世界のほとんどの地域は欧米白人国家によって支配されていた。しかも、植民地を獲得した白人諸国は現地住民に対して奴隷同様の意識で統治し、金銀を始めとする鉱物資源や食糧などを搾取し続けてきた。白人社会では自由・平等・民主・人権などの権利を早々と獲得したが、植民地の有色人種には20世紀の中葉まで認めることはなかった。

第二次世界大戦が終了すると共に、植民地は続々と独立を達成したが、長い植民地政策が祟って途上国の地位から脱することができないでいる。ただ、独立後に有能な指導者を得た国では、国家建設を巧みに進め、21世紀の現在では途上国から「中進国」へと離陸している。中には先進国に近づく「新興国」にまで発展している国もある。

そうした中にあって、中国や韓国は日本からの経済・技術援助のお陰で、早々と先進国の仲間入りを果たしたが、長い歴史において中華思想や小中華思想で固まって来ているために、平安時代から中華思想を離れた日本を野蛮国と見下してきた。しかし、その日本に併合されたり満州を独立させられたとする「恨み」は極めて強く、日本が統治していた期間に、国家予算の半分まで投資して朝鮮や満州の産業・インフラ・教育・技術など、他の植民地保有国では考えられないほどの国家建設と人権への配慮をしてきたことを決して認めず、感謝の念など微塵もない。

他の植民地国家の人々は、長く悲惨な白人支配から独立を達成できたのは、日露戦争で日本が白人のロシア帝国を破ったことと、日米戦争では4年以上も白人国家の米国と熾烈な戦いを演じたことが、有色人種に大いなる勇気を与え白人コンプレックスを脱することができたとして、日本には多大の感謝をしている。

では、長い白人支配から独立を達成したアフリカ・中東・アジア・中南米諸国の人々は、宗主国であった欧米白人諸国に対して、中国人や韓国人のように復讐感情を持っているかというと、テロリストなどを除いてあまり持っていない。なぜかと言うと、植民地支配は過去のことで、未来に向けて進まなければならないという感情が支配的だからである。実際、アフリカ諸国では過去の奴隷貿易で2000万人が奴隷として欧米諸国に売られたり、虐待と搾取を受けてきているが、白人への復讐感情をほとんど持っていない。

そしてもう一つ、旧植民地の人々が未来志向となるのは、白人が搾取のために取り入れたモノカルチュア経済や戦略的に築いた鉄道、あるいは植民地支配のために現地で生活した白人が、母国での生活様式を導入した住宅や道路・橋などのインフラを、独立後はそれを模倣して新たな国家建設に利用してきているからである。

例えば、大英帝国は産業革命のために不可欠となった「油」を入手するために、西アフリカにあった「油椰子」をマレーシアを始めとする熱帯地域の植民地に移植して大量生産した。またブラジルが独占状態で保持していた「ゴムの木」を、騙して東南アジアに移植し生ゴムから得るタイヤその他の工業製品・日用製品に利用してきた。米国もキューバの「砂糖黍」をハワイに移植して砂糖生産を独占している。

さらに、白人諸国が植民地の鉱物資源を奥地から港まで運搬するために建設した鉄道や、軍隊移動のために建設した戦略鉄道は、独立後は客や貨物を運搬する鉄道へと利用するなど、恩恵を受けている国が多い。

以上の理由から、旧植民地から独立した国家は、ＳＮＳを使ってまで白人諸国に復讐しよう等とは考えていない。結局、ＳＮＳを悪意を持って活用するのは、中国、韓国そして北朝鮮で、主な対象国が日本となっている。

それゆえ、日本が被害を防ぐためには、反日的な国家に対して実効的な対抗措置を取ること、反日国家の国民に対して正しい歴史的事実を提供すること、現地に在留する邦人がソーシャルメディアを使って、事実を発信することが必要である。そのためには、発信者自身が正しい歴史認識を持っていなければならないことは言うまでもない。

２０１８年1月にトランプ大統領は、彼を選挙戦の時期から叩いてきた米国メディアの一部に対して、「フェイクニュース大賞」なるものを授与して話題となった。確かに彼の非難が一理あるのは、マスメディアは一方的に情報を流すだけであり、マスメディアの意に染まない人や物に対して攻撃するだけである。その場合、攻撃する情報が少しくらい間違っていても、訂正したり相手の反論を受け入れて謝罪したりなどすることはめったにない。

日本の場合も自虐史観に染まるマスメディアの一方的な誤情報は、世論を誤った方向へと導くことが往々にしてある。日本もトランプ大統領のように、「フェイクニュース賞」を月間賞として、「フェイクニュース大賞」を年間賞として設置し、毎月と毎年、世界に向けて中国や韓国の虚偽ニュースを表彰すべきであろう。

（２）中・韓が利用する米国の対日誤認識

ただ、中国や韓国が日本を貶める偽の歴史認識情報は、実は米国自身が自国利益のために平然として受け入れていることで、中・韓がこの米国の態度を徹底的に利用しているのが問題なのである。

日本と中国が国交を回復（１９７２年）して以来、両国は順調な関係を続けたが、特に１９７８年に平和条約を締結してからの日本は、経済界・産業界の総力を挙げて中国経済と産業界を支援してきた。ところが、１９８５年から始まったソ連や東欧諸国における「情報公開（グラスノスチ）」や「ペレストロイカ（改革）」の波は中国にも押し寄せ、政権中枢にいた江沢民らを刺激した。その結果、起こったのが若者を中心とする民主化運動で、１９８９年には毎日のように中国各地で民主化を要求する大規模デモが発生した。

これに危機感を持った鄧小平や江沢民を始めとする共産党政権幹部は、１９８９年６月に人民解放軍の力を以って弾圧し民主化運動を潰した。この年、ベルリンの壁が崩壊し、東欧政権が次々と崩壊したが、2年後の1991年にはソ連国家そのものも崩壊・分裂してしまった。

1990年に中国共産党政権の座についた江沢民は、民主化の流れを食い止める策として、人民に危険な敵（=帝国主義）の存在として「日本」をターゲットとし、反日キャンペーンを全国レベルで打ち出し、人民の民主化を反帝国主義運動へと誘導していった。

江沢民政権は前述したように、全国100ヵ所に「抗日戦争記念館」を設置し、100の「反日映画上映館」の建設を指令した。さらにテレビのゴールデンタイム（7時~9時）には、必ず抗日戦争時代のテレビ映画を流すことも強制した。反日映画と反日テレビ映画の目玉は「南京虐殺事件」であり「満州事変」であった。こうしたメディア戦略は、スポーツなどの娯楽が普及していない人民達を確実に捉え、国内で成功すると、今度は華僑や華人が多く居住する東南アジア諸国や米国・カナダ・豪州などへも輸出され、現地で上映されていった。

中国のこの反日政策に目を付けて同調していったのが「韓国」である。彼らは日本軍による「慰安婦」や「強制労働・強制徴用」などを大々的に取り上げ、国内はもとより東南アジア、北米大陸で韓国移民の多い地域で中国系移民と協力して、慰安婦像の設置を進めている。

米国にしても英国・オランダ・豪州にしても、大東亜戦争では日本と戦った経緯がある上に、日本軍による捕虜虐待問題を抱え、さらに「東京裁判での平和人道の罪」を日本が認めたことを理由に、慰安婦像の設置などに前向きである。また、真珠湾奇襲攻撃や満州事変を批判的に見ていることもあって、中国が宣伝する「南京虐殺事件」も歴史的事実として容認する白人諸国が多い。

中国を始めとする戦勝国側のこうした誤った、あるいは偽情報による認識を改めさせるには、まず日本人自身が戦前の日米外交史や戦後の政治も勉強しておかなくてはならない。とりわけ情報大国として抜きん出ている米国人に、日本認識が大きく誤っている事実を知らせ、納得させれば世界の対日認識も大きく変わるはずである。

また米国は世界に冠たる映画大国であり世界中に配給しているが、歴史物、戦争物、科学物そして事件物を描く場合、ハリウッドの脚本家や監督の持つ価値観・歴史観が強く反映される。一連の映画の精神的バックボーンは、白人である米国人の観念・思想・イデオロギー・正義感といった精神が巧みに埋め込まれている。

日本との係争に関しても、日本人から見ればかなり間違った認識で日本や日本人を描いていることが分かるが、映画での話のために日本人観客は、いちいち誤りを指摘したり抗議などしない。このため、そうした映画を見る米国人はもとより、他国の観客も日本人とは「そういう人達か」として記憶の中に刷り込まれてしまう。やはり誤った情報は糺《ただ》しておかなくては、外交・経済・文化・スポーツなどにおいても軋轢を生じかねないし、何よりも中国や韓国の偽情報を正しいものとして受容してしまう。

誤解して欲しくないのは、筆者は決して「反米」の立場から主張しているのではなく、「親米」の観点から彼らに日本に対する誤まった認識を是非、改めて欲しいと願っているのである。

米国にも「情報公開法」があって、25年を過ぎれば過去の外交や経済などの情報を一般に公開する制度がある。ところが、米国が自国の政策を「正義」として国民に流してきた情報が、実は「謀略」であったことを公開すれば、外交的に大きなダメージとなる事案となるため、情報公開を行うことはない。それゆえ、米国人が日本観で誤った認識を指摘する必要があるのは、以下の表に掲げた点である。列挙したように、現在においても米国人は日本人の資質・文化・政治等を全く理解していないどころか、事案によってはむしろ正反対の認識を抱いて日本と日本人を見ていることが分かる。

戦前からの日米認識上のギャップ

懸案事項	日本	米国
仮想敵	ロシア・ソ連	日本
海軍軍縮条約	対米3割に抑えられる	米国は対日5割
アジア問題	日本による秩序	中国を全面支援
満州事変	五族協和の理想郷実現	スチムソンドクトリン
リットン報告書	日本権益の縮小	ARA密約で日本排除
伊のエチオピア侵略	沈黙	容認
通信傍受	窃取を知らず	暗号器・暗号書の窃取
対日奇襲空爆	知らず	真珠湾以前に計画
日米開戦	謀略で嵌められた	米大統領による罠
南京虐殺	中国による謀略	中国主張を容認
従軍慰安婦	軍は関与せず	米軍は行っていた
バターン半島戦	生への行進	死の行進
原爆投下	必要なかった	正当な行為
東京裁判	一切の反論を許されず	謀略による復讐裁判

憲法	押し付けられた	弱体化のための憲法
国連敵国条項	日米は同盟国	日本を敵国条項から外さず
基地の地位協定	日本に不平等	米国に有利
FSX問題	共同開発を強制される	単独開発を許さず
MBC問題	日本にとって不平等	米国に有利な条件
エシュロンへの加盟	拒否される	日本を無視
特攻隊	救国の為の自己犠牲	自爆テロ

こうした米国政府や米国メディア、さらに米国歴史学者等の対日認識の誤りを一般米国人にキチンと糺さなければ、百年経っても日本外交は多くの面で厳しい立場に立たされよう。中国は天安門事件以来、日本に対して世論戦、心理戦、法律戦の「三戦」を展開しているが、三戦を支えている米国人の対日認識を大いに利用しているし、韓国も北朝鮮も同様で徹底した反日・抗日政策の根拠としているのである。

米国人は自国の誤りを理解するだけの理解力と寛容さは持っている。しかも米国は、日本にとっても民主主義体制を持つ最も重要な同盟国であるから、彼らの誤った対日認識からまず改めなければならない。

例えば、東京裁判で日本軍人を裁くために「平和人道に対する罪」を設置して断罪したが、戦時における米軍は日本軍のみならず多くの民間人を殺戮した。だが日本軍は米国人ではあっても民間人や民間施設は、決して攻撃していないのである。パールハーバー事件は、あくまでも米太平洋艦隊への攻撃であったし、1942年にドーリットル中佐による東京空襲に対しても、日本海軍は報復としてオレゴン州の小さな町の外側に広がる山林を、小型水偵で爆撃しただけで民間人を一人も殺傷していない。

また、米軍は日本の貨物船、タンカー、引揚船など、兵器を一切保有していない民間船を徹底的に撃沈したが、日本海軍は艦艇も潜水艦も米国の貨物船やタンカーを攻撃しなかった。武士道精神からすれば、丸腰の人間を武器で殺戮するなど、卑怯極まりない愚行としか見ていなかったのである。

同様に、中国が批判する南京大虐殺など、あり得ない事案である。中国では王朝交代の時期に、地方の都市を巡って反乱軍が王朝軍を破ると、反乱軍は、王朝軍と共に立てこもっていた民間人も全て殺戮してきた。そうした歴史があるために、味方の軍が敗れると当然民間人も殺戮されるのが当然という歴史認識があるからである。

欧州の人々も日本からはるか離れているために、日本情報にほとんど興味がなく、漫画や忍者あるいは浮世絵などに興味を持つ者は増えているが、日米戦争の原因など知る由もなく、21世紀の現代に至っても戦前から米国が流した悪者・日本人のプロパガンダを信じる者が多い。例えば、ナチスと日本は同罪の残虐な犯罪を犯したとか、南京虐殺は真実であるとか、あるいは9・11のイスラム過激派のテロ行為は「カミカゼ」と同種の行為であると信じる者が少なくない（デュランれい子『一度も植民地になったことがない日本』）。

また、1981年に自称・元山口県労務報告会下関支部活動員部長の吉田清治氏が行った講演で、「戦前、朝鮮済州島の女性200人が、日本軍のために強制連行されて慰安婦とされた」と指摘したことを朝日新聞が検証もせずに取り上げ続けた。その結果、１９９３年には「河野談話」が出されて韓国に謝罪し、さらに１９９６年には国連人権委員会から「クマラスワミ報告」が慰安婦制度を「性的奴隷制」と指摘して日本を厳しく批判した。米国も２００７年に連邦議会下院において「日本軍が組織的に20万人の女性を強制連行し、『性的奴隷』にした」と断ずる下院決議１２１号を行って日本人を貶めている。

２０１４年８月５日になって、朝日新聞は１９８２年の慰安婦報道記事が誤っていたとして正式に取り消した。しかし取り消しを発表するまでの32年間、朝日新聞は慰安婦問題のみならず強制連行・強制労働など関連する事案なども大々的に取り上げて、戦前の日本の対応を非難し続けてきた。この32年間にも亘る誤報によって、米国社会は慰安婦像を受け入れる決定をしたのであろうし、国連においても「クマラスワミ報告」で日本を非難し続けてきたのである。

外務省は、２０１４年11月と12月、米国高校生の歴史教科書に旧日本軍による「慰安婦強制連行」の話が載っていることで、歴史教科書出版社「マグロウヒル社」に訂正を求めていたが、この教科書を執筆した歴史学者を含む19人は、「いかなる修正にも応じない」との声明を発表している（産経新聞、２０１５年2月10日付け）。

即時双方向通話の出来る自動翻訳機が実用化されれば、慰安婦問題を始めとする諸々の誤認識や悪意ある宣伝に対して、国民一人一人が外国人に事実を伝えるのが可能となるのである。

4．日本人全員が正しい歴史を世界に発信できる

（1）現在も日本情報が少な過ぎる米国社会

さて日本は米国ペリー艦隊によって開国されたが、当時の米国政府は、西欧文明から遅れた極東の一国を開国へと導いてやった程度の関心しかなく、まして一般の米国人はほとんど日本や日本人に関心を抱くことがなかった。しかし、日本が日清・日露戦争で未曾有の勝利を収めたことで国際政治の舞台で活躍を始めると、米国務省や軍部が強く日本を認識し、謀略外交を重ねた末に日米戦争で日本を叩き潰すこととなった。

そして、東京裁判等を経て軍事・外交・経済面で日本を完全に従属させると、日本や日本人そして日本社会への興味を全く失ってしまった。彼らにとって重要なのは、母国である欧州地域だったからである。

このことは21世紀の現代においても、一般米国人に日本情報への関心を失わせる結果となっている。筆者は60年ほど前のヴェトナム戦争時代に米国で生活を送っていたが、当時の米国人の対日知識はごく一部の人を除いて皆無と言ってよいほど日本への関心がなかった。２０１８年の現在においても、フジヤマ、ゲイシャ、ニンジャ程度であり、トヨタやホンダは別人種の

日本人が作っているのではと考えているフシがある。

もちろん、知日派と言われる人も全米人口の比率から言えば１％もいないし、知日派であっても親日派というわけでなく、戦後生まれの70歳以下ということもあって、彼らの対日歴史認識は、日本がハワイに奇襲攻撃をかけたために日米戦争が始まったとする教育で育っている。事実、親日家であるハーバード大学のエズラ・ボーゲル教授でさえ、戦前の日本は中国を侵略したのであるから、未来永劫、謝罪を続けなければならないとする認識を持っている。リットン調査団や真珠湾事件が米国の謀略であった事実を知らないからである。

現在はインターネットやスマホの時代ではあるが、タブレットから情報を見るよりも従来通り紙面から情報を読み取る方が慣れていて楽だとする中高年層の思惑も手伝って、基本的な情報獲得手段は依然として「新聞」の果たす役割が大きい。日米に限らず、かつては伝統も信頼もあった多くの新聞社が、自社の編集方針に都合の悪い情報は無視し、あるいは間違った情報を事実かのようにトップ報道したり、政府（官庁）発表の情報を疑うことなくそのまま流すようになっている

それはともかく、戦後の日本は米国の経済と安全保障に依存してきたために、日本の新聞も常に米国からの情報で紙面を飾ってきた。それゆえ、米国を一度も訪れたことの無い日本人でも、日本にいながらにして、アメリカの政治・経済・科学・軍事そして人種問題に至る社会情勢さえも得ることができ、米国家観・米国人観が醸成されている。だが、逆の現象は米国側には起きていない。

若干古くなるが、筆者は平成20年（２００８年）に日米の主要新聞社が１ヵ月に扱う相手国

の記事数を比較分析したことがある。日本側は読売新聞と朝日新聞、米国側はニューヨークタイムズ紙とワシントンポスト紙である。これを見ても分かるように、日本の二大新聞が1ヵ月間に米国の記事を扱う本数は合計で300本あり、1日に平均すると10本もの米国関連の記事を載せているが、米国の二大新聞が日本の記事を扱う本数が1ヵ月合計わずか13本で、1日平均では0・2本しかない。これでは一般米国人は日本や日本人の現状をほとんど知ることは無いであろう。

事実、米国の新大統領に選出されたトランプ氏に代表されるように、日本に対して厳しい政策を掲げているのは、現在の日本だけでなく過去の日米関係、なかんずく1900年代初頭から米国が対日バッシング外交を展開し、ワシントン軍縮会議やリットン調査団などにおける謀略、そしてパールハーバーで日本を嵌めた事実を全く知らないからである。

9割近い米国人は、現在でこそ日米は同盟関係にあっても、過去の日本は卑怯な国家と見て来たことは間違いないのである。しかも21世紀に入っても、米国の巨大メディアが取り上げる日本関係のニュースは、鯨やイルカの捕獲や貿易摩擦など、米国人のキリスト教からくる価値観や米国経済を脅

日米新聞報道比較（2008年9月8日～10月8日までの1ヵ月間）

	朝日	読売	合計	N.Y.T	W.P	合計
米国関連記事数	121	179	300			
米国以外の記事数	133	50	183			
米国を含む外国記事数	254	229	483			
日本関連記事数				7	6	13
日本以外の外国記事数				256	215	471
日本を含む外国記事数				263	221	484

かす場合にだけ限られていると言ってよいのである。

　つまり、国家が自国の歴史のみが常に正当かつ正義であるとする立場であったなら、情報機器がいくら発達しても、真の歴史を知り過去の関係資料情報が公開されない限り、相手国に対する偏見・差別・摩擦・対立が無くなることはない。リットン調査団の付属秘密議定書や対日開戦のための謀略などは一例である。

　もっとも、自国に都合の悪い歴史的事実は、決して教科書に記述して子弟教育に利用しないことは、世界中の国々が行っているから米国だけを非難することはできない。ただ同盟関係にあって、有事の際には相互に協力しあう必要がある日米関係の場合には、一致協力した行動を取るためにも、片方にわだかまりがあってはならないのである。

　２０１６年６月、オバマ前大統領は広島を訪れ慰霊碑に献花したが、犠牲者に対して謝罪はしなかった。なぜなら戦後の米国歴史教科書で、日米戦争は日本の卑怯な真珠湾奇襲によって始まり、米国人２３００人以上が犠牲になったが、最後は米国の正義が勝ったとする教育を受けていたからである。同年12月に安倍首相がハワイの真珠湾を訪れて慰霊碑に献花したが、真珠湾周辺には帝国海軍の奇襲攻撃で犠牲となった遺族達が多く住んでおり、彼らのなかには依然として卑怯な日本軍のために犠牲になったと信じる人が多い。

　トランプ大統領は、戦後生まれであり、１９６０年代に大学生として米国史を学んでいる。前述したように、１９６０年代から１９７０年代の米国歴史教科書は、日米戦争は米国の正義が勝利した戦いであり、卑怯な日本人がパールハーバーに奇襲を仕掛けたと記している。

　さらに１９８０年代は、日本からの製品が集中豪雨的に米国に輸出され、米国産業界が悲鳴を上げていた現象を見てきているから、「米国ファースト」政策を打ち出したのである。トランプ大統領は国内不動産業で財を成した人物だけに、米国を正義とする歴史観が強く、説得するには慎重な対応が必要である。だが、トランプ氏を始め米国人がそうした誤った認識、と言うよりも米国自身が日本を罠に嵌めた事実を知れば、対日感情は一気に好転するであろう。

一方で米国在住の日系人にとって、真珠湾事件は人生を狂わせただけでなく精神的ショックによって深く傷つけられたことは想像に難くない。しかも多くの米国人は、開戦と同時に米国在住の日系人を強制収容所に送り込んだ「大統領令9066号」など知るよしもない。1980年代のレーガン政権になって初めて強制収容に対する謝罪などが行われたが、米国の歴史教科書に強制収容の事実は記述されなかった。強制収容という非人道的行為をできるだけソッとしておきたい米国は、ソ連による日本人のシベリア抑留など糾弾する資格がないのも当然である。

同様に、在米韓国人団体の圧力で慰安婦像の設置をしたサンフランシスコ市やグレンデール市の議会議員達も、日本側の反論意見を取り上げなかったが、一つには米国兵自身が戦前も戦後においても戦場では従軍慰安婦的な行動を取っていたために、これの隠蔽のために日本軍人をスケープゴートに仕立てていると勘ぐらざるを得ない。

実際、米軍が敗戦直後の日本に上陸してきた時、まず日本政府に突き付けた要求は、米兵の性的欲求を満たすための日本人女性を集めることであった。だが戦前の日本軍は、女性を強制的に連行して慰安婦にした事実など無いのである。それゆえ、1億2500万人の日本人は米国社会に、なぜ日米戦争が生起したのかを説明する必要があるのである。一般米国人に日本を理解させるには、政治家や外交官達だけにその役割を期待することは物理的にも無理なのである。まして東京裁判のように事後立法で復讐的に裁いたことや、裁判に関する反対意見・疑問・質問の一切を封じて行った事実を、自由と民主主義がいかに大切か教育された現代の米国人に知らしめる必要があろう。

但し、公的にこうした点を説明することは現実の日米関係から無理であろう。しかし民間レベルならば、日本の歴史や民族性なども話しあえよう。作家であり大学講師でもある明治天皇の玄孫・竹田恒泰氏が解き明かすように、米国ではリンカーンが人民のための政治を叫んだのは１８６１年であったが、日本では１３００年も前に仁徳天皇が人民のための政治を教えさとしているのである。

また建国のテーマも、米国は「自由」を、フランスは「平等」を理念としたが、２０００年前の神武天皇は「平和」を建国の理念として東征に乗り出し、事実、当時国家を二分する勢力であった異なる宗教に依って立つ「出雲」でさえ、大和朝廷に国譲りを行っていた。

江戸幕府が鉄砲所持を禁止した政策を国民が受け入れ支持したことからも日本人が平和志向であったことが窺えるのである。銃社会の米国人には耳の痛い話であるが、世界の紛争状態を無くすには、神武天皇の建国理念も米国や世界に広く行き渡らせる必要があろう。

ビジネスマンや旅行客が、現地で一般米国人と接する機会は多いが、そうした時には「茶飲み話」の話題に、自動翻訳機を利用して一般米国人や学生達を相手に日本の歴史や文化を是非教えて欲しいと思う。そのためには、日本人は自国の歴史・文化・宗教はもちろんのこと、天皇制・議会制民主主義も、サムライ・芸者・忍者・日本刀などについても、米国人に納得させるだけの知識を勉強しておかなくてはならない。

一方で、米国は伝統的に「人権」や「自由」にやかましい国であるが、黒人や有色人種に対して行ってきた数々の汚点に関しては、口を閉ざして子弟に教育をしていない。米国の有力メディアでさえもこうした汚点についての声は極めて小さい。ゆえにこそ、日本人は米国人の知らない米国の汚点を教える必要があるのである。

（2）白人優越感情から日本を叩き続けた米国

日米戦争で日本は大敗北を喫したが、戦後70年以上に亘って日本人は自民族の歴史や文化を積極的に語らなくなり、まして戦争に関しては沈黙状態を続けてきた。つまり、対日戦争に勝利した米国の歴史観が正当化されただけでなく、中国人や韓国人に至っては強烈な反日歴史観を捏造してしまい、それを信じる日本人も結構いるのである。

日米戦争は１９４１年に勃発したが、衝突の素地は日露戦争直後から始まっていた。最大の要因は米国による日本に対する「白人優越主義」であり、警戒感は１９０７年に対日オレンジ作戦をスタートさせた。これに対して欧州列強は、既に世界各地に植民地を獲得しており、極東に位置する日本との間には多くの国々とスエズ運河、インド洋、マラッカ海峡等が横たわっていたこともあって、日本を脅威とは見做していなかった。

米国は、フィリピン領有をきっかけとして中国大陸への進出を図ろうとしたが、太平洋を挟んで直接日本と対峙する位置にあったことから、常に日本の動向を注視せざるを得なかった。

このことが外交的・経済的に日本を叩いておこうとする動機となった。

19世紀末のアジアは、わずかに中国だけが半植民地状態にあったから、米国も割って入れることを期待し、１８９９年と１９００年に「門戸開放政策（Open Door Policy）」を列強諸国に対して宣言した。このため、日清・日露戦争で勝利を収めた日本が、満州地方へ利権を得て進出する動きを始めると、米国の対日警戒感は一挙に膨らんだ。アメリカ人から見ると、アジアで唯一白人諸国に伍して列強となった日本が、米国の自由貿易を妨げる生意気な元凶と映ったのである。

20世紀に入ると、米国には宋慶齢・宋美齢姉妹や胡適などが、白人で構成する東部の「ワスプ（ＷＡＳＰ＝ホワイト・アングロサクソン・プロテスタント）」社会に接触し受容されたこともあって、米国人は中国人に対して「同情」と「侠客」の感情から積極的に中国支援の行動を起こした。このため清朝が崩壊した１９１１年以降、米国の敵愾心は強く日本に向けられ始めた。

日米両国ともに「新興国の意気込み」を持っており、米国側は一方的な人種差別に基づく「白人優越感情」を日本人に対して持っていた。経済問題は一連の日米関係の中では一番小さかったのである。

日米両国が「新興国の意気込み」を持っていたことが衝突のきっかけとなったことは否めない。米国は既に１８８０年に、工業生産高において大英帝国を抜いて世界の工場となっていたため大きな自信を持ち、「明白な天命」の下、西漸運動の矛先をアジアに向けて国際政治舞台上に踊り出てきた国家であった。

米国商務省が公表した「ＧＮＰ統計値に基づく比較」で見ると、南北戦争以降から１８９０

年にかけて富豪となったヴァンダービルト、モルガン、ロックフェラーなどが保有した資産は、1998年のマイクロソフト社社長のビル・ゲイツの資産を1とすると、86倍~974倍にも上る。鉄道王ヴァンダービルトや化学王デュポン、穀物王カーギル等は500億ドル、鉄道王ハリマン、鉄鋼王カーネギー、金融王モルガン等は1000億ドル、石油王ロックフェラー、タバコ王デューダ、鉱山王グッゲンハイム、電力王エジソン等は2000億ドル、自動車王フォード、石油王メロンは4000億ドルといった具合である。

経済大国となった米国の意気込みは、米国人に世界ナンバーワンの意識を強く植え付けたが、一方で列強諸国の圧迫を受けていた中国に対しては、市場としての価値を重視したため、「強きを挫き弱きを助ける侠客的気分」を強く抱いた。

米国が侠客気分を抱いていた時に日露戦争が勃発したが、セオドア・ローズベルト大統領が日本のために講和条約を斡旋したりして弱小国家日本を助けてくれたことは、まさに侠客としての感情から出たものであるが、日本は彼に感謝しなければならない。本来ならば日露戦後に彼に勲一等を与えて感謝の念を表明すべきであった。

一方、日本人の意気込みとは、世界中のほとんどの地域が白人諸国によって植民地化されている中で、日本だけが明治維新以来、有色人種国家として唯一工業化に成功し、白人諸国に伍して、昇る太陽と同じ勢いにあると国際社会で自信を深めていたことである。特に1905年には、白人国家であるロシア帝国という、世界第一の陸軍国であり世界第3位の海軍国であった巨人国家を粉砕したことで、日本は1919年のベルサイユ会議では五大国の一員となって国際政治の舞台に登場する栄誉を得た。

さらに日本は、1921年のワシントン会議では世界三大海軍国家の一つとして認められていたから、「白人何する者ぞ」とする意気込みを強く抱いていた。だが当時の国際社会は完全に白人支配状態にあり、白人諸国を脅かすほどの軍事力を保有する有色人種国家など日本以外に地球上には存在しなかった。

この日本人の意気込みに対して、既に植民地を保有していた欧州列強は、アジアへ進出を始めた日本に露骨な反日感情や反日政策を出すことはなかったが、アジアに市場を求めつつあった白人国家・米国にしてみれば、「有色人種のくせに生意気な！」とする感情を強く抱いたことは否めない。現代においても、『人種差別なき人種差別』の著者である米国デューク大学のエドアルド・ボニラシルバ教授（社会学）が指摘しているように、依然として米国社会には黒人・アジア人・中南米人等に対して暗黙の人種差別が存在している。

トランプ大統領が白人至上主義者の立場に立つような言動を繰り返し、多くの米国民から顰《ひん》蹙《しゅく》を買っているのを見ても、米国内の人種差別は大きな課題となっている。まして黒人差別を禁じた「公民権法」（1964年）など無かった戦前の米国人は、有色人種の日本人が白人である米国人と国際政治の大舞台で対等に政治や外交を扱うことなど許されざることと考えていたのである。

事実、1968年にメキシコオリンピックが開催される直前に、人種差別撤廃運動を行っていたキング牧師が暗殺され、全米で黒人による大規模な反人種差別運動が起こった。オリンピックに派遣される黒人選手も当初はボイコットを検討していた。結局、彼らは米国代表としてオリンピックに参加したが、陸上200メートル走の決勝で金メダルを取ったトミー・スミスと銅メダルを取ったジョン・カーロスは、表彰台で反人種差別運動のバッジを胸につけ、さらに黒手袋と黒靴下を履いた上で拳を突き上げた。その結果、二人は米国のスポーツ界から追放処分となった。

驚くことに、二人の黒人選手に賛同して同じ表彰台に銀メダル取得者として立った豪州代表の白人選手ピーター・ノーマンは、幼少時から人種差別に反対していたため、彼らと同じバッジを胸に付けたが、オーストラリアスポーツ界は彼を永久追放処分にしたのである。

ノーマンは銀メダルを胸にメルボルン空港に降り立ったが、出迎えたのは家族と数人の友人だけであった。彼は1972年のミュンヘンオリンピックにも、優勝できるだけの国内最高記録を出していたが、豪州オリンピック委員会は200メートル走への選手派遣を取りやめてしまい、彼に選手生活を断念させた。

ノーマンが名誉を回復したのは2006年のことで、彼の甥がノーマンの業績と人生を映画化したことで、ようやく豪州ではノーマンの銀メダル獲得を認めたが、彼は2年前に亡くなっていた。豪州ではメキシコオリンピックでのノーマンの銀メダル獲得を誰も知らなかったのである。戦後23年を経過していたが、依然として米豪では白人優越社会が続いていた。

このように日米戦争以前の米国社会は人種差別が激しかった。有色人種（colored）である日本が白人組織の国際連盟の常任理事国になっていたことで嫌悪感情を抱かれていたことも分かるであろう。

最後に日米双方による「経済的利潤の追求」である。世界各地から米国へ移民してきた人々は、米国の国籍を得て定着すると、出身母国へは帰らず、米国を母国として一生懸命に働き財貨を得ることに価値観を見出し、米国人としての義務を果たした。

ところが、日本からの移民は、迫害からではなく貧困からの脱出が理由であり、新天地で成功し財をなせば「故郷に錦を飾る」気概を持っていたから、懸命に働くことこそが重要であって、米国への忠誠心や白人社会との協調などは重要視していなかった。文化も宗教的価値観も異にした上に、語学やコミュニケーション能力が不得手なためにアメリカ社会に同化することができず、嫁は日本から呼び寄せ、労働で得た金で大規模な農地を購入した上、稼いだ金は日本へ送金し、結果としてドルの還流を妨げることになっていた。

米国人は日系人を通して、日本という国と民族を独善的でズル賢い民族と見るようになっていた。

（３）真珠湾事件の真相は世界に公表すべき

戦後の日米関係を語る上で、日本海軍による真珠湾奇襲事件ほど重要な事案はない。奇襲の成功と同時に米国は、全米と世界中に「卑怯な奇襲（スニーキー・アタック）」として宣伝に努めた。

これによって米国人の全てが対日憎悪感情を掻き立て、若者達は対日復讐を誓って軍隊へと志願し、日本人に対しては如何なる残虐行為も許されると思い込み、海陸の戦いにおいて憎悪の全てを挙げて日本軍を攻撃した。広島・長崎への原爆投下は彼らにとって当然の報いとして受け取るものであった。

当然ながら、米国内に居住する日系人も憎悪の対象となって荒地へ強制収容され、当時の米国と同盟関係にあった中米・南米諸国においても、在留邦人は敵性人として拘留されて土地・家屋・財産の全てを失った。そして、ロシア帝国を破った後、武士道精神が世界中に喧伝され、称賛を浴びていた日本の威信と日本人の名誉は引き裂かれ、日本人に対する信頼は完全に崩れ去った。

日本を占領してからも米国の復讐感情は止まず、「東京裁判」においても徹底した復讐がなされた。さらに日本に二度と対外軍事力を行使させないための「憲法」を押し付け、代わりに米軍が日本に駐留し続けて日本に対米反抗心を起こさせない措置を取った。日本人自身も、真珠湾奇襲が対米宣戦布告以前に攻撃したと思い込み、対米罪悪感を抱いて、原爆投下も東京裁判の判決も米軍駐留もやむを得ないとする自虐史観を形成してしまった。

ところが１９９０年代以降、真珠湾事件は米国の謀略であったとする確かな資料が次々と公開され始めたが、日本政府は現在の日米関係が重要として米国の謀略を追及していない。

奇襲攻撃の11ヵ月も前の１９４１年１月末に、ワシントンでは、日本が米国と国交断絶した場合、日本海軍がハワイのパールハーバーを奇襲攻撃するという奇怪な「噂」が一部に流れていた。

戦後になって、パールハーバー奇襲の噂が事実か否か、その証拠となる東京の米大使館からの公電がワシントンにある国立公文書館に所蔵されているかどうか、多くの学者が探したが発見されなかった。筆者もワシントンで探したことがあるが、見つけることはできなかった。このため、噂の真偽が疑われていた。ところが２０１０年になって、真珠湾奇襲の「噂」を、日米開戦11ヵ月前に米国政府が知っていた証拠が見つかったのである。

それは、ローズベルト政権が対日開戦を模索していた１９４１年1月26日（日本時間は1月27日）に、当時東京に駐在していたジョセフ・グルー（Joseph Grew）駐日大使からコーデル・ハル国務長官に宛てた緊急電報である。内容は、日本海軍がパールハーバーを奇襲攻撃するという噂が東京で流れているというもので、公電として打っていた文書がウイスコンシン大学所蔵の国務省公文書図書館の「日米関係」1931−1941に堂々と収納されていた事実が判明したのである。

筆者も早速、ウイスコンシン大

グルー大使からの緊急電報

711.94/1935: telegram
The Ambassador in Japan（Grew）to the secretary of State
Tokyo, January 27, 1941 — 6 p.m.

125. A member of the Embassy was told by my・・・colleagues that from many quarters, including a Japanese one, he had heard that a surprise mass attack on Pearl Harbor was planned by the Japanese military forces, in case of “trouble”between Japan and the United States; that the attack would involve the use of all the Japanese military facilities. My colleague said that he was prompted to pass this on because it had come to him from many sources, although the plan seemed fantasti.　Grew

〔訳〕　駐日大使（グルー）から国務長官（ハル）へ
1941年1月25日一午前6時

125. 東京で日本人一人を含む複数の外交消息筋からの情報によれば、日米関係がトラブルになった場合、日本軍は総力を挙げて真珠湾を奇襲攻撃をするという驚くべき情報を得た。我が友人は、この情報は多くの出所からのものなので、突飛な計画であるとは言え重要なので急ぎ報告する。　グルー

※下線部は筆者

学所蔵の国務省公文書図書館にアクセスして、この公電が本物であることを確認した。

ウイスコンシン大学に所蔵されていた問題の公電の文書番号は711・94/1935となっている。グルー大使からの公電は膨大な枚数にのぼるが、問題の公電は133頁目に載っており、その内容の核心部分を要約すれば前頁の通りである。この公電は、ローズベルト大統領を始めとする当時の米国政権担当者と陸海軍首脳が、日本海軍によるハワイ奇襲攻撃の10ヵ月も前に、その事実を知っていたことを証明している。

そして見逃すことのできない最も重要なことは、このグルー大使からの緊急電報の中に「日本人一人を含む」とあったことで、米国外交関係の重要情報の中に日本人が入っていたということは、海軍省からの極秘情報を知る立場の人物がいたことになり、日本の情報管理が極めてお粗末であったことを示している。航空機による真珠湾奇襲作戦に不満を抱く将官が、山本長官の決定が失敗することを望み、知り合いの外国高官に真珠湾奇襲計画を漏らし、ワシントンに知らせることを期待したものと考えられる。

米国への情報漏洩の経緯は、東京にある米国大使館三等書記官のマックス・ビショップが、円をドルに換金すべくニューヨークシティバンク東京支店の窓口に並んだ時、知人のペルー駐在公使であるリカルド・シュライバー博士に肩を叩かれ、窓際へと連れて行かれてパールハーバー奇襲攻撃を耳打ちされたという。驚いたビショップは慌てて大使館に戻りグルーに告げたとなっている。

もちろん、米国としては日本海軍によるパールハーバー奇襲攻撃が何月何日何時何分に行われるかを確実に知ることが必要であり、そのためには、日本海軍機動部隊の動きを分単位で逐一探知する必要があった。それを助けたのが、太平洋の周囲に配置した25ヵ所もの通信傍受施設と、フリードマンによる日本外務省や陸海軍省から外地へ発する暗号電報の解読であった。つまり日本海軍機動部隊の行動は、逐一米国に把握されていたのである。

ちなみに、日本海軍が真珠湾を奇襲するとの情報を得たローズヴェルト大統領は、直ちに日本の四大工業地帯への奇襲空爆を敢行させるべく、統合参謀本部に計画案の作成を命じた。実施は１９４１年９月としていたが、爆撃機の発進地である南京や重慶が日本軍に制圧されたため、中止になったことも諸資料から明らかになっている。

こうした真珠湾事件も事実も米国自身は米国民に積極的に公表しないし、まして学校の教科書に載せることはない。日本にしても日米同盟で米国に依存しているため、あからさまに米国政府に要求することもできない。

米国は自由と平等、民主と人権を掲げる国家である。過去の事案についても間違いであれば、これを修正することにやぶさかな国家ではない。奴隷解放にしてもアメリカインディアンへの処遇にしても、日系人収容問題にしても間違いと認めれば、時間はかかるが謝罪もし補償もする国家である。

パールハーバー事件に続く日米戦争は、米国が正義の戦いとして国民を鼓舞してきたために、その原因が米国の謀略にあったことを認めるのは、民主主義や人権を貫く以上に国家のメンツが大きく立ちはだかっている。

だが、米国が真に自由主義国家の旗頭として国際社会の信用を得、リードしていきたいのであれば、過去の汚点も白日の下に公表すべきなのである。これは国家の危機管理であり安全保障とは別次元の問題である。

危機管理の要諦は、組織のトップが過ちを犯した場合、出来る限り早く過ちを公表し、二度と起こらないような対策を立てることである。米国がこの国家的過ち（謀略）を認めて日本や関係国に謝罪をすれば、米国の国際的地位は一挙に高まることは疑いない。

それでも、米国が逡巡するのであれば、日本人は民間の立場で問題はないから、米国在留企業の人々や留学生などは、日本の名誉のためにも、また中国人や韓国人の反日言動を防ぐためにも、米国人に事実を知らせて欲しいと思う。ただし、誤解してほしくないのは、筆者が徹底した反米主義者ではなく、それどころか、親米論者と言ってもよいと自負している。21世紀の世界は日米が手を携えて世界をリードしていく役割があるからである。

第5章

技術革新こそがＧＤＰを押し上げる

1．科学技術に目覚めた国が世界をリードする

（1）科学技術力が国力を左右する時代に

さて、話を科学技術に戻すが、日本は先に挙げてきた諸々の危機を克服するために、本書で提案した巨大プロジェクトを、科学技術面から見て実現できるであろうか。自動翻訳機を除いて、いずれのプロジェクトも最先端の高度技術を必要としている。

科学技術の発展という面を考えてみると、我々は「発明は全て夢想から始まるもの」という認識を持たなければならない。科学技術者はその夢を実現するべく考究を重ね、やがて人々の前に実物を現わすからである。

21世紀に入ると米国は度重なる戦費で国力を低下させたが、それでも民間企業への支援を強化し、ハイテクの研究開発に十分な予算を配分し各種実験装置・施設を提供したり、科学技術者を優遇する住宅なども充実させる環境を整えてきている。

米国が国家として科学技術の重要性に気がついたのは、１９５７年のソ連によるスプートニク打ち上げとミサイルギャップによる危機感からであった。ソ連の軍事技術・科学技術に大きく遅れを取った米国は、ペンタゴンを中心に科学技術研究の重要性と、科研費を軍事費に絡め

て大幅に増額する措置を取るよう連邦議会に報告した。これを受けて、議会も国防費の大幅増に理解を示したが、条件としてペンタゴンが行う諸々の研究のうち、軍事技術に特化しない以前の基礎的研究分野で成果が挙がった場合は、研究所を持たない中小企業などに対して安価で技術を供与することを提案し、ペンタゴンもこれを認めた。

米国は、人工衛星や弾道ミサイルで遅れを取ったことを教訓として、その後の国家戦略の最重要政策として「科学技術」へ投資している。科学技術や軍事面でソ連に負けないために、１９５７年に「ダーパ（DARPA=Defense Advanced Research Project Agency＝国防高等研究プロジェクト庁）」を設立し現在に至っている。

１９８２年には、世界第2位の経済大国となった日本が、科学技術面でも急速に米国に迫りつつあったことを受けて、「エスビーアイアール（SBIR=Small Business Innovation Research=ベンチャー創出制度）」を立ち上げた。米国内の中小企業を始め若い科学者達を全面的に財政援助するこの制度のおかげで、１９９０年代に入ると次々と新たなベンチャーが立ち上がり、太陽光発電装置や医薬品、パワートランジスタなどが開発されてきている。

さらに２０１８年には、シリコンバレーの技術力を追い上げる中国から知的財産権を保護するため、「外国投資リスク審査近代化法」を制定し、中国からのシリコンバレーへの投資を抑える手段を取り始めている。

ともあれ、ソ連の軍事力と科学技術力に対抗するために、ペンタゴンの国防費は大幅にアップし続けている。２０１８年時点の国防費は73兆円であるが、このうち半分に当たる38兆円が科学技術研究に充てられ、中小企業への援助も行われている。２０１８年8月の発表では、２

019年度の米国防費は79兆円に跳ね上がることが決定されている。

大学に対する科研費も、大幅に増額すると共にペンタゴンとの研究上の結び付きも奨励され、大学サイドもペンタゴンからの助成金を得るために安全保障や危機管理に繋がる基礎研究に力を入れている。当然のことながら、基礎研究分野において米国は数多くのノーベル賞学者を輩出することになった。

しかし、その米国でさえも今後10年以内には中国の科学技術に追い抜かれる状況になっている。中国の軽工業や一部の重工業製品は、21世紀に入っても先進国の技術を模倣するなどしていたため、「模倣大国」と評価されノーベル賞学者も出ていないと揶揄されてきたが、21世紀に入ってから実態は全く違ってきている。

中国は1960年代~1970年代にかけて経済的に落ち込み、原爆開発だけに全力を投入した結果、他の先端技術は遅れを取った。しかし1972年に日米を始めとする技術先進国と国交を回復するや否や、あらゆる科学技術分野に先進国からの先端技術を導入し始めた。

1990年代の江沢民政権は、徹底した反日政策を掲げて日本に謝罪を求め、見返りに日本の科学技術を強引に獲得したが、2000年に後を継いだ胡錦濤政権は、「科学的発展観」をスローガンに掲げ、全国に22ある行政区の「省」内には必ず「科学技術庁」を設置し、省内に配備されている軍部・軍需産業・国営企業・大学研究所等を密接に連携させ、新たなハイテクの開発に全力を投入しはじめた。

ちなみに、中国が22の「省」に投入する科研費は1~5兆円、総額では90兆円とも言われており、ペンタゴンの研究開発費30数兆円を上回っている。もっとも、中国が国際研究機関に発表している公的科研費は44兆円である。これは他の先進国を油断させるのが狙いであろう。事実、中国の巨額の科研費投入成果は２０１６年に早くも現れ、「全米科学財団」の発表によれば、同年度における中国の科学論文は43万本となり、米国の41万本を抜き去って世界一となった。日本はインドにも抜かれて６位に落ちている。

科学論文の数は世界トップとなった中国ではあるが、実用化するための応用研究や開発するための技術的開発面となると、未だトップの座には座れない。そこで、不足する科学技術はロシアを始め日米欧から購入、または産業スパイを暗躍させて「ハイテク窃取」に全力を入れている。例えば、リニアモーターカーの研究所は、日本ではＪＲが持つだけであるが、中国ではＪＲから技術を窃取した上で、ＪＲの研究所を上回る大規模のリニアモーター研究機関を国内に２ヵ所も設置して開発競争を進めている。

現在の習近平国家主席は独裁権力を強めているが、彼が打ち出した国家戦略の一つに「２０２５年までに、中国を世界の製造大国に」というスローガンがある。つまり、今後は科学技術の研究・開発に全力を挙げ、モノ創り大国として世界経済に君臨し偉大な中華民族の実現に走り出している。

その科学技術環境は米国のシリコンバレーを凌ぐもので、いずれ第二、第三のスティーブ・ジョブスが次々と誕生するはずである。既に広東省深圳に拠点を置く王健軍（26歳）は、ドローンの生産では世界の７割を占めているが、さらに進化したドローンを次々と開発し販売し巨額の利益を上げている。

中国は２０１６年８月に、「量子衛星」の打ち上げに成功したと発表した。盗聴や暗合解読を防ぐとともに、衛星機能を奪うサイバー攻撃などもシャットアウトできる技術で、企業の機密保全などにも役立つものである。これは量子暗号通信と呼ばれるもので、光の粒子の性質を利用した通信技術で、情報を窃取しようとすると情報が壊れて読み取りができなくなるだけでなく、必ず痕跡が残るため盗聴されたことが感知できるという技術である。

欧米諸国でも量子暗号通信の研究は進んでいるが、日本は二〇一七年にＮＣＩＴが量子暗号通信に成功している。だが、中国は２０３０年をメドに地球規模の量子暗号通信網を構築すると鼻息は荒い。

また、二酸化炭素のために太陽を無くした北京から青空を取り戻すべく、石油による自動車から電気自動車へと積極的に変更しつつあるが、蓄電池技術を日本などから導入してガスステーションから電気ステーションを設置し、３分で電池交換を果たすなどの技術を開発している。

２０１８年現在、米国のＧＤＰは19兆ドル（約２０００兆円）で世界のトップを走り、二位の中国は11兆ドルと成長を続けている。日本は過去25年間は５兆ドル程で足踏み状態を続けていることが問題なのである。

（2）お寒い日本の科学技術環境

文科省が２０１８年８月に発表した２０１６年度における日本の科研費は18兆４０００億円であったが、このうち民間企業が13兆３０００億円、大学が３兆６０００億円、研究機関が１兆３０００億円であった。

では、日本政府の出す研究費の内訳を見てみよう。２００１年に発足した１００ほどの「独立行政法人（独法）」のうち、「理化学研究所」、「ＪＡＸＡ」、「産業技術総合研究所」など37の組織が研究開発法人として研究開発を行っている。残り63独法は、「国際協力機構」、「国民生活センター」、「国立病院機構」などである。

ただ問題なのは、これらの科学技術関連の研究所は、文部科学省の傘下にあるものの、研究開発内容によっては国土交通省、農林水産省、厚生労働省、経済産業省、防衛省など各省庁の傘下の機関でも似た研究が行われ、縦割り構造となっていることである。つまり似たような研究が重複して行われることが往々にしてあり、予算と人員が無駄となっている場合がある。

さらに問題なのは独法の運営方法で、いずれも３〜５年の中期目標を設定し、それに基づいて計画・目標・評価・見直しを実施することが義務付けられていることである。だが研究開発というものは結果が見通しできない不確実性があり、３年や５年で成果を期待することなど不可能と言ってよいであろう。

結局、政府もこの弊害を避けるために、世界でもトップレベルの成果が期待できる組織を新たに立ち上げ、「特定国立研究開発法人（仮称）」とすることを決めている。しかし、現在のように「成果」を求める独立行政法人システムでは少ない研究費を奪い合うこととなり、研究チームを主導する指導教授は研究よりも書類作りや会議に追われ、実験などの研究は若手に重圧としてのしかかることとなる。

一方、米国がＳＢＩＲ制度によって中小企業やベンチャー企業が成功したことを受けて、１９９８年に日本版ＳＢＩＲと言える「中小企業技術革新制度」を立上げたが、失敗に終わっている。理由は、従来の助成金制度と同じで、初めに若干の資金を援助するだけで、応用研究から開発・実用化さらに起業までの財政は全て自己責任だからである。

米国のSBIR制度は、基礎研究から応用研究さらに開発から実用化して起業を行うまで全面的に支援するから、起業者は安心して研究開発に全力を投入できる。しかも米国は、ベンチャー企業同士を結びつけて「総合中央研究所」にまで発展させている。当然ながら、米国の若手研究者達は起業を目指して、新たな研究に没頭し論文を作成してベンチャーとしての支援を受けるべく努力を続けることになる。

2017年3月に、英国の科学誌『ネイチャー』は世界全体の論文数が過去10年間で80％増加したのに対し、日本の論文数は全体に占める割合が7・4％から4・7％に落ち込んでいると指摘した。これは科研費が減少し若手研究者の短期雇用が大幅に増えたことが原因としている。要するに国家による基礎科学研究への投資が減少しているのである。

もう一つ重要なことは、科学者といえども競争社会で生活している人間である。個人研究にせよチーム研究にせよ成果を上げれば、科学への貢献だけでなく名声と地位と金を約束されるため、時にはライバルを蹴落とす誘惑に駆られないとは言い切れない。

ともあれ、日本の縦割り行政に喰い込んだのが、中国の技術窃取方法である。親中を自認する政治家を巧みに利用し、政府機関や大企業・大学の研究所に研究者や技術者を送り込んで技術の窃取に努めただけでなく、企業を退職した日本人技術者を高給で雇う代わりに、彼らが持つ特許技術を巧みに吸い上げて自家薬籠中のものとしていった。

2016年9月に「世界経済フォーラム」が発表した世界の競争力ランキングで、日本は2

０１５年度の6位から8位に落ちており、技術革新が急務であることを示唆している。

また海外への留学生の数も日本は以前に比べて減少しているが、米国で毎年博士号を取得する中国人は５０００人、韓国人は１５００人、日本人は１５０人である。またオーストラリアの大学に留学する外国人留学生の数も、トップは中国人の12万１０００人、インドが３万４０００人、マレーシア３万人、韓国５８００人、日本は２４００人である（文科省２０１５年）。

もっとも、海外留学が絶対必要というものでもない。特に文系の場合は政治にせよ経済にせよ、当該国の論理や政策にどっぷりと浸る危険性があるからである。日本の大学は単に自らの知識・教養を高めるため学問を勉強する場所と考えるが、欧米や中国の大学は学生の知識を現実社会に役立てる必要ありと考えると同時に、大学自身の財政にも貢献させるため、産業界と結びついて利益を上げている。従って大学といえども財政は豊かである。ハーバード大は４兆円、スタンフォード大は３兆円といった具合に利益を上げており、日本の大学のように国家からの補助金をあてになどしていない。一方で優遇税制を受ける資産家は、こぞって米国大学に巨額の寄付金を提供して研究を援助している。

そしてもう一つ科学技術環境について、日本の科学研究が飛躍できない原因として、文科省を始め各省庁の文系官僚による管理が厳しいことがあげられる。文科省は、文部省と科学技術庁を合体させて２０００年に成立した省であるが、その年間予算は5兆円ほどである。文科省は、この5兆円のうち教育行政や大学等への科研費など全体で３兆円ほどを支出するが、科学技術関係には2兆円ほどしか割り当てることができない。政府全体の科研費は、残りの他省庁が６０００億円ほどを分け合っているので、トータルでは３兆円ほどである。後は民間企業が自社の研究費として15兆円を出しているから、日本全体の科研費が18兆円となっている。これに対して、米国の科学研究費は55兆円、中国は公表数字で45兆円を出している。

ただ、日本人の科学技術研究者の科研費が米欧や中国などより極めて少なく、厳しい管理の下にあるにも関わらず、さまざまな高度先端技術分野において世界と対等の技術力を発揮し、中には欧米中を抜き去って世界のトップを走る分野さえある。つまり、日本人の科学技術者の能力は世界でも超一流と言ってよいのである。

例えば、理研はスパコン「京《けい》」の心臓部となるCPU（中央演算処理装置）を開発し、実用的な計算速度が世界一となる「京」より百倍速いスパコンを実現した。「ポスト京」は開発費1100億円で達成してしまったのである。これは世界ランキング1位となることが明らかになっている。ところが、日本の為政者は安全保障面のみならず、経済界や教育界などが危機的状況にあっても、科学技術者の活用の重要性に気がついていない。当然の結果として経済成長はもとより、北朝鮮からの脅威や中国の海洋侵略、宇宙開発などに対して、自力で解決する意思はなく、米国や国際社会頼みの政策しか出てこない。

また宇宙開発も、日本は自力発進できる有人の巨大宇宙船を建造する技術を持ちながら、独自に開発する意思はなく米国やロシア頼みである。

日本経済は1990年代から20年以上に亘ってデフレに陥ったばかりか金融経済にシフトした結果、実体経済が疎かになり「第4の産業革命」と言われる時代に突入しても、基幹産業は相変わらず「鉄鋼・自動車・家電」の域から出ていない
日本は技術力がありながら、モノ創り産業を再興しサービス産業を活性化できる巨大プロジ

ェクトを立ち上げる構想がなく、リスクが大き過ぎるとして全く念頭に無い。だが巨大プロジェクトを立ち上げるには、官（国家）が主導しなければ無理なのである。

第４の技術革命とかＩｏＴ、ＡＩ化などで、新たなモノをつくることでサービス業が飛躍的に発展するが、現状のままでは個々に優れた技術を開発しても、情報漏洩を防ぐ対応が甘いから中国を始めとする諸外国にもっていかれるだけである。実現可能な大型技術開発をスターウォーズ計画と同じと笑い飛ばし、スパコンは2位でも良いのではないかとか、儲からなければ駄目だという発想しかない政治家や官僚が多過ぎるのである。

（３）軍事技術を軽視してきた日本

戦後の日本社会は軍隊や兵器を徹底して忌避してきたために、兵器の人間殺傷というマイナス面ばかりが強調され、兵器技術を軽視する一方で武器輸出三原則を作り、外国製兵器の輸入という高価な代償を支払ってきた。

戦争や兵器を忌避するならば、まず戦争や兵器について深く研究しなければならないが、戦後の日本人は一方的に表面だけを見て裏面の科学技術発展を「悪」と決めつけて見ようとしていない。つまり、兵器開発の前段階としてＤＵＴ（Dual Use Technology＝両用技術）の研究開発への全力投入が不可欠であって、基礎研究の成果が挙がった時点で、初めて兵器開発に向かうか民生品開発に向かうかが決定される。

そうであればこそ、１９９０年代から21世紀にかけてペンタゴンが連邦議会に送る「国防報告書」の序文に、毎年必ずＤＵＴへの投資を絶やしてはならないとする警告を発し続けているのである。基礎研究の成果は多くの分野に応用開発をもたらす「種」の役割を持っている。

特に先端兵器を開発しようとする場合、現在のハイテクノロジーの中で、純粋に開発から完成品まで兵器技術と言えるものは10％ほどしかなく、残りの９割はＤＵＴと言われ、軍事用にも民生用にも利用できる技術なのである。但し、この残り10％のＤＵＴが兵器として不可欠な耐熱、耐圧、耐酸、耐強度、破壊力、速度、誘導、照準などから出来あがっており、一般民生品よりもはるかに優れた技術を結集して、戦車、軍艦、戦闘機、ミサイルなどが作られている。

英国で産業革命が始まったのは18世紀末であるが、その下地は既に16世紀後半から17世紀にかけて科学技術が戦争を通して萌芽を見せていた。１５８８年に英国がスペインの無敵艦隊を破ったのは、戦艦の構造であり大砲の工夫であった。さらに１６１８年から30年間に亘って続いた「宗教戦争」や、その後に起こる「ナポレオン戦争」では、数々の兵器が改良され民間技術へとスピンオフしていった。

20世紀に入ると、兵器技術の多くが確実に民生品へと利用されていったが、こうした10％の兵器技術は、厳しい環境にある溶鉱炉、水力ダム、原子炉、新幹線、旅客機、海上橋梁、海底トンネル、海底掘削、深海潜水艇、大深度トンネル、超高層ビル、鉱山掘削、宇宙ロケット等々、多くの面で利用されている。つまり防衛産業界はこの10％の技術を保有しているのである。しかも現代では民生技術が軍事技術へとシフトする「スピンオン」の時代となっている。

一方で、米国は日本が経済成長を始めた１９６０年代から、日本の民間企業技術を管理する必要を感じ警戒を始めた。日本が１９７０年に人工衛星を打ち上げると、一層の警戒感を持って日本技術を注視し管理するようになった。20世紀の日本は民間技術の発展によって軍事技術に応用が可能となるスピンオンへと移行し始めたのである。

このため、日本は米国からの警戒を防ぐために、人工衛星に使用する固体ロケットから、米国が強く求める液体燃料ロケットに切り替えると共に、「武器輸出三原則」を制定して兵器輸出を禁止する措置まで打ち出した。この武器輸出三原則が日本の防衛産業界に与えた影響は極めて大きく、武器の開発から得られる先端技術の発展さえ遅れるようになったことは否めない。

さらに日本がＦ４戦闘機の後継機としてＦＳＸの開発を始めると、「ニューゼロファイターだ」として日本独自の開発を止めさせ、結局現在のＦ２になった。、このＦ２の後継機として２０１８年に防衛省が国際共同開発の検討を始めると、再び米国は米国主導による開発を提唱している。米国はロッキード・マーチン社が主体となるが、戦闘機の主要部品であるエンジン、機体、電子機器などをロ社が担う上に、価格も1機２００億円を超えるなど、日本側の希望価格である１５０億円を大幅に超えている。米国にすれば、核抑止を始めとする日本の防衛を担っているという観点から強気の姿勢を出すのであろう。

他にも、慶應大学の坂村健教授（当時）の開発したパソコンのＯＳも、マイクロソフト社のウインドウズを守るために破棄させている。それほど米国は日本の技術力を恐れているのである。

米国は科学技術の推進に軍を協力させているが、軍を協力させると、軍の施設を利用できる上に危機管理がしっかりしているから、技術漏洩やスパイの暗躍を防ぐ上で極めて優れ、一石二鳥・三鳥の効果をもたらしている。

一方ドイツは、戦前までの科学技術研究を1911年に立ち上げた「カイザー・ヴィルヘルム研究所」が、国家的支援を受けて研究開発を行ってきた。もちろん軍事力強化が中心的課題であった。そして、この中からジェット戦闘機やV2ロケットなどが生まれたが、戦後は名称を「マックス・プランク研究所」に変え、50以上の研究所を集めて科学技術研究を行っている。そして現代ではEU全体のモノづくりパワーが衰えてきたために、ドイツがEU全体を活性化する必要ありとして、2014年に新たに「第4の産業革命（インダストリー4・0）」と銘打って巨大プロジェクトを推進し始めている。

第4の産業革命のキーワードは「IoT（Internet of Things）」で、身の周りにある様々なモノにセンサーや制御装置を取付け、人工知能とインターネットを使って相互に情報をやり取りしながら、人手不足に対応し効率化・生産・管理を進める技術革新である。このIoTは、工場での生産・管理のみならず、個人の健康管理（運動量、睡眠時間・料理内容）なども表示し、必要ならば本人に合う健康ベッドの作成も指示してくれる。

一方、日本では2015年度に始まった「安全保障技術研究推進制度」への対応を巡って学術界に賛否両論が起こっている。大学への研究費が縮小傾向にあるため、大学などの研究者が防衛省からの研究費で技術研究を進める道が開かれたが、兵器開発に繋がる研究として否定論が強い。ただ、基礎的な科学技術研究が直ちに利益を生むか否かは不明であり、軍事研究と決め付けるには無理がある。それゆえ、米国などでは軍と共同で研究開発する例が多いのである。しかし日本の大学や学術界では、軍事アレルギーが根強く、DUTの効用を説いても理解しようとしない風潮が強い。

米国や中国の大学は、産業界のみならず軍需産業とも密接に結びついて新たな宇宙技術や武器技術を次々と生み出す原動力の役割さえ果たしているのである。欧米の軍需産業は効率化のために１９９０年代から２０００年代初頭にかけて再編・統合を行い、企業利益を上げることに成功したが、日本の場合は再編・統合が進まず、撤退する企業も続出している。

軍事技術は、ＤＵＴの研究開発から生まれるが、製品となる武器は最先端の技術を結集して製造することを思えば、必要不可欠な分野なのである。日本の防衛産業界が再編・統合できない原因は、防衛省官僚による天下り先が減少することを懸念するからと言われているが、もしそうだとすれば国家防衛などはいつまで経っても自力ではできないであろう。

2. 必要な「科学技術省」の創設

(1) 凄まじい中国の科学技術研究

中国が公表している科研費は、2016年度で44兆9711億円であるが、実際にはその2倍以上と考えられる。と言うのは、中国は胡錦濤政権の時代から科学技術に莫大な費用を投じ始め、習近平政権からは「イノベーション型国家」の実現と、科学技術の世界覇権を目指して全力を投入しているからである。

ハイテクを利用したプロジェクトでは米国が現在のところ先端を切っているが、中国の場合は「一帯一路」や「氷上のシルクロード」政策で世界経済の覇権と14億労働者の雇用を狙うためもあるが、ここで使われる技術開発も含めて、国家的プロジェクトを14件も立ち上げている。その結果、中国はあと10年もすればハイテクを利用した産業はもとより、米国をも凌ぐハイテク兵器で世界市場を競うようになり、20年後には名実ともに世界覇権さえも獲得すると予測されるようになっている。

米国にしても中国にしても、科研費が巨額であるから研究も大規模なものを推進でき、日本の政治家ならば笑い飛ばす夢のような巨大プロジェクトを次々と立ち上げており、先端兵器のみならず世界の産業界をリードするような製品を創り出すことが可能となっている。

では、日本人の技術力は米国や中国に劣るのかと言えば、現時点では恐らく世界一と言ってもよい技術開発能力を保持している。事実、民間企業の実力は、世界のトップ企業１００社の中で39社が入って世界一で、２位の米国36社を抜いている。しかし、中国を始めとする他の先進国は「技術革新」を目指して、国と企業が一体となって技術開発に邁進している。トップを維持するためには、国家が開発の主導権を握って新技術を生み出す契機をつくらねばならないのである。

現代は「テクノサイエンス」から「ソシオテクノサイエンス」の時代へと移行しつつある時代である。単なる技術革新の時代から社会を見据えた技術革新の時代へと移っている。

問題は、政治家や官僚に、科学技術のR&D（研究と開発）による経済や安全保障を見据えた戦略的発想や決断力が全くないことである。結局、国家的プロジェクトの場合でも大手民間企業に大型研究を任せているだけである

中国の巨大プロジェクト

①大型航空機、②高解像度地球観測システム、③有人宇宙飛行及び月面探査事項、④重要電子部品、⑤ハイエンド汎用チップ及び基礎ソフトウエア、⑥超大規模集積回路製造技術及びセット技術、⑦次世代ブロードバンド・モバイル通信、⑧ハイグレードNC工作機械及び基礎製造技術、⑨大型油田・ガス田及び炭酸ガスの開発、⑩大型先進加圧水型炉及び高温ガス冷却炉・原子力発電、⑪水系汚染の抑制と管理、⑫遺伝子組み換え生物新品種の育成、⑬重要新薬の開発、⑭エイズやウイルス性肝炎等の伝染病の予防・治療

が、第二、第三の大型プロジェクトを打ち出す戦略眼が全く無い。例えば２００３年頃に巨大宇宙船の計画が実施されていれば、少なくとも２０１０年には自力発進の巨大宇宙船が実現できたのに、ＪＡＸＡも文科省も全く意識になかった。

さらに、個々の科学技術では、日本人科学者は優れた「技術」を開発しているが、政治家や官僚がこれをシステムとして巨大プロジェクトを立ち上げる戦略的思考に欠けている。例えば、汚染水の「浄化装置」で優秀なモノを創り出しているが、水道全体の浄化施設をつくる知恵がなく、スイス企業などが日本の浄化装置を利用した上下水道施設を各国に作って莫大な利潤を上げている。

宇宙航空に関する開発も海洋開発も、小型の個々の技術では世界の群を抜いているが、これらを総合した巨大プロジェクトを構想することができない。大規模開発予算など割り当てられるはずがないと諦めている上に、軍事技術に繋がることばかりを懸念するため、挑戦者魂を削がれてしまっているのである。

（２）「科学技術省」として独立させるべき

そして、科学技術面で重要となるのが「研究」に投資される金額である。科学技術の推進によって経済力も軍事力も増進することが分かっているため、各国は科学研究に全力を投入している。中でもＥＵの強みは、同じ研究を目指す者が研究施設や実験設備を共同で利用できることで、基礎研究分野のように費用のかかる場合は、単独の国家よりも有利である。

日本の研究費は米国、ＥＵ、中国に次いで４位の地位を占めているが、18兆円のうち14兆円ほどは民間企業が自社製品の開発に費やした研究費であって、国家が科学技術研究に投資した金額ではない。

日本の場合、科学研究者はおよそ84万人おり、文科省が教育政策と科学政策を一手に管理しているが、国家戦略の立場から巨大研究やプロジェクトを立ち上げる司令塔の役割を果たしていない。ＪＡＸＡにしても理化学研究所にしても文科省の傘下にあるだけで、個々別々に科学研究を行っているだけである。

日本の科学技術政策を担当する文科省の年間予算は約５兆円であるが、このうち文教費に４兆３６００億円が充てられ、科学研究費には８０００億円が充てられている。科研費のうち、宇宙航空研究開発機構が１８００億円、原子力研究開発機構に１６７７億円、理化学研究所に５１６億円である。欧米諸国から比べたら極めて少ない予算で、ＪＡＸＡにしても理研にしても世界に誇る優れた成果を出してきているが、別言すれば日本人がいかに優秀な民族かを証明していることになる。

文科省は、国公私立大学に対して「科研費」を配分しているが、２０１４年以降その総額は２５００億円前後であり、年々縮小傾向にある。こうした大学への科研費の削減は、世界の大学におけるランクに

政府機関の科学研究費（2017年度）

文部科学省の科学研究費	6,380億円
文科省以外の省庁の科研費	6,062億円
全省庁の科学研究費	1兆2,443億円
研究者総数（政府・民間・大学6）	84万人

（★「科学技術要覧」平成28年度版、文部科学省科学技術・学術政策局より作成）

も大きく影響する。2017年9月に英国の教育専門誌『タイムズ・ハイヤー・エデュケーシヨン』が発表した2017年度の大学ランキングでは、東大は46位、京大は74位で北京大の27位、精華大の30位から大きく引き離されている。ちなみに1位はオックスフォード大（英）、2位はケンブリッジ大（英）、3位はカリフォルニア大（米）であった。

ペンタゴンの毎年の国防予算は2018年現在73兆円（日本は5兆円強）であるが、国防費が73兆円もあるから、国民は大反対をするかと言えば、野党政治家もメディアも誰一人として反対などしない。なぜなら米国企業はペンタゴンから基礎研究の成果を供与される利益を受けているのを知っているからである。つまり、ペンタゴンは荒地を開墾するブルドーザの役割をし、企業はそこに種を播いて果実を作り収穫をしていることになる。日本ではペンタゴンの訳語として「米国防総省」と言うが、むしろ「科学技術総省」と呼ぶ方が妥当なのである。

また、ペンタゴンとは別に科学技術研究に成果を上げているNASAの研究費は2兆円であるが、日本のJAXAは1800億円で10分の1以下である。JAXAはこの中から「すばる望遠鏡」に400億円、「30メートル望遠鏡」に380億円、「電波望遠鏡」に250億円、「ガンマ線天文台」に40億円、そして一回の人工衛星打ち上げ費用が300～400億円である。他にも、各種探査衛星の開発費、国際宇宙ステーションへの費用として毎年400億円、宇宙貨物機の製造等々があり、年間1800億円の予算では到底足りず、他国と競争することすら難しい。それでも日本は米欧露中がなし得ない「はやぶさ」や「イプシロンロケット」の技術を開発してきている。

日本が今、巨大プロジェクトを立ち上げれば、安全保障面でも国際経済面でも、数年を経ずして日本が全てをリードし解決してしまう科学技術がたくさんあるのである。これらを効率良く進めるためには、文部科学省ではなく「科学技術省」として、他省庁の科学研究を一元化した上で、重要プロジェクトを立ち上げ、米中に匹敵する科研費を投入する必要がある。

そしてもう一つ、科学技術省として独立させなければならない理由は、文科省の傘下には84万人の科学技術者（米国１３５万人、中国１６１万人）と、小中高の教員が約30万人、大学の教員15万人ほどがいるから、科学技術者を併せれば１２９万人を管理している計算になる。防衛省は24万人の自衛官を抱え、警察庁は27万人の警察官を抱えていることからすると、一つの省である文科省が１２９万人という異常に多い人数を抱え、しかも年間予算５兆円ほどで文教政策と科学技術政策を行っているのである。

１２９万人を抱える文科省の予算は５兆３０００億円（２０１７年度）であり、文科省よりはるかに人員の少ない総務省は16兆円、国土交通省５兆９０００億円、厚労省30兆６０００億円などと比べても、文科省予算が極端に少ないことが分かる。

日本の財政制度は、「一般会計」として２０１８年度は97兆円ほどが組まれたが、他に毎年４００兆円もの「特別会計」がある。この中から災害復興費などが拠出されるが、他に各省庁が保有する「外郭団体」への拠出も巨額である。これは数ある省庁のうち、防衛省を除いて文科省、厚労省、財務省、法務省、国交省、警察庁などの省庁は１万数千の外郭団体（財団、社団などの公益法人）を保有し、官僚やノンキャリアなどの再就職先として設置されている。官僚・役人などの再就職先も大切ではあるが、民間企業には再就職機関がないことからすれば、この巨額費用の一部を「科学技術研究」や「情報機関」の設置に充てるべきであろう。

仮に「文部省」となった場合には、年間予算を現行の5兆円から15兆円ほどにし、誰でも望めば大学までの授業料は無償とし、大学への科研費や助成金を大幅に増額する必要がある。また「科学技術省」となった場合は、年間予算は少なくとも20兆円にして、各種の科学技術分野を活性化させなければ、モノ創り大国は中国や米国に席を奪われるであろう。

２０１８年7月に問題となった文科省のキャリア官僚による一連の不祥事などは、いずれも自己利益のために起きているが、教育行政や科学技術行政を統括すべき立場が全く解っていない。これでは教育も科学技術も国際社会から大きく遅れを取るのは必至である。

そして、もう一つの問題は、科学技術の現場を知らないために、その重要性を認識していない文系政治家を始め、文系官僚が組織をしている戦略本部や有識者会議では、科学技術を戦略的に活用するという発想が無く、当然ながら研究開発費などに頭が回らないことである。

例えばスペースシャトルが引退すると、国際宇宙ステーションへ日本人宇宙飛行士を送れないとして、米国にスペースシャトルの後継機の開発を要請していたが、米国からは経済的・技術的理由ですぐにはスペースシャトルの後継機を開発できないと断られた。それならば、内閣府の宇宙戦略本部は日本版の有人宇宙船を一刻も早く建造することを政治家や国民に働きかければよいのであるが、戦略本部や文科省官僚の誰一人として提案したことがない。費用対効果を重視していることと、日本人科学技術者が金のニワトリである認識が無いからである。

科研費が豊富な米国でさえ、科学者の立場からすると割り当てられる科研費が少ないとして、科学者自身が政治家に立候補する動きが各州で起こっている。日本の場合にも科学技術団体から政治家を国政に送り込む戦略を考えるべきであろう。

結論を言えば、日本は「科学技術省」を立ち上げると共に、科学技術を扱う省庁の幹部は科学技術者で固める必要がある。科学技術省は当面の科学研究のみならず、若手研究者も多くの分野で育成しなければならないし、ポスドクの救済・活用も必要だからである。

当然ながら国家予算を使うのであるから、基礎研究の成果は、大中小の日本企業に安い価格で供与することも不可欠の条件であるし、自衛隊の実験施設利用と部隊による支援活動なども不可欠である。その上で巨大プロジェクトをスタートさせれば、技術革命もスムーズに推進されるのは間違いない。

また個人的な研究開発においても、「１００円ショップ」で販売される商品は独創性に富む物が多く、世界から訪日する観光客などは便利なグッズとして高い評価をして買い求めている。こうした街の発明家も取り込む枠を科学技術省は設ける必要もある。

（３）「日本版・アーパ」の設立も必要

研究開発を進める上で、既存の概念に捉われることなく全く新しい発想で、人類の役に立つモノや技術を考究する組織も必要不可欠である。

軍事や科学技術を重視する米国のペンタゴン（国防総省）の傘下には、軍事と技術を絡めた「ダーパ＝ＤＡＲＰＡ（Defense Advanced Research Projects Agency）」があり、軍事に関連する基礎的な研究開発を行っているが、年間の研究開発費は国防予算の３％を充てている。現在はディフェンスを取って「ＡＲＰＡ」となっている。

2018年度の米国防費73兆円の3％と言えば約2兆1000億円である。文科省傘下の宇宙航空研究開発機構（JAXA）の年間1800億円、理化学研究所の560億円などと比較するとまさに雲泥の差である。しかも2019年度の国防予算は79兆円となるから、この3％と言えば2兆7000億円がARPAに支払われる計算になる。

アーパは、新たな技術開発を担うために、7つの技術オフィスと特別なプロジェクト、そして開発した技術を軍事兵器に移転させる適応オフィスから成る。7つのオフィスのうち、直接的に兵器に直結する技術オフィスは2つだけである。

重要なことは、ARPAに対しては大統領、国防長官の他には干渉することが許されず、議会議員も省庁官僚も手を出すことができない。アーパの各プロジェクマネージャーは、研究者に対して「2〜3年でメドがつく

アーパのプロジェクト

①戦略的技術オフィス：陸・海・空及び宇宙のシステムにおける革新的な新しいプラットフォームの開発。
②戦術技術オフィス：陸・海・空及び宇宙のシステムにおける革新的な装備開発。
③生物技術オフィス：微生物から人間と機械の共生に至る生物技術の開発。
④防衛科学オフィス：広範囲に亘る科学技術分野で、根本的に新しい技術の開発。
⑤情報イノベーションオフィス：情報科学とソフトウエアの技術開発。
⑥マイクロシステム技術オフィス：マイクロプロセッサ、マイクロ電子機器、フォトテクニックなどを通して、材料、レーダー、高エネルギーレーザー、赤外線イメージングなどの開発。
⑦航空宇宙プロジェクトオフィス：航空優勢を保つための高度機能の開発。
⑧適応実行オフィス：ダーパで開発された最新技術をペンタゴンの能力に速やかに移転させる部門。

ような研究は持ってくるな、10年も20年も先に実現できるような研究を持ってこい」とハッパをかけている。

その研究の中からインターネットやＧＰＳを始めとする画期的な発明・発見がなされて、世界中の人々の生活や安全に役立っている。しかもアーパの研究は米国内で公開されるから、これをいち早く取り入れて儲けるのはハリウッドの脚本家達で、空想科学映画などで巨額の利益を挙げている。

防衛省は２０１５年にアーパを真似て、「産学官」の力を結集させて、安全保障分野や民生分野の防衛技術発展を図る目的で、防衛装備庁内に「安全保障技術研究推進制度（ファンディング制度と呼ぶ）」を設立した。しかしながら、アーパと異なるのは主要な研究開発が、主要装備品、防衛生産、他国との技術協力、大学等への研究委託、技術管理、調達、契約の締結など、全て防衛に関するプロジェクトであることと、予算が１１０億円（ダーパは2兆１０００億円）、そして全てのプロジェクトを技術戦略部が管理していることである。このため、日本学術会議や大学、一部メディアなどはファンディング制度に批判的である。日本の場合は軍事アレルギーが強いため、防衛に直結する研究開発制度よりも、科学技術全般を扱う研究機関に委ねる方が、研究開発は進むのではと思われる。

明治時代に活躍した物理学者の寺田寅彦は、若い研究者達に向かって「流行を追うな、外国人の真似をするな、珍しい所を見抜け」と未知への挑戦を進めており、アーパの所長より百年も前に研究者にハッパをかけていたのである。ただ現代は、一人の天才科学者の活躍だけでは、巨大化した科学技術の発見・発明・実証などは困難な時代となっており、チームを組み政府の持つ巨大設備（例えば自衛隊）などを利用して未知の分野を開拓しなければ、解明できない時代になっている。

新たに創設する「科学技術省」や「日本版アーパ」に、10万人規模の科学者と技術者を集めることになれば、4万人ほどいる理系ポスドクを全員雇用することもできよう。また大学との連携や交流も行えるから、公立・私立は無論のこと地方大学との連携も進めることもでき、科学技術教育にも大いに役立つはずである。

２０１６年２月に米国の研究者チームが「重力波の存在」を発見したニュースが世界を驚かせた。アインシュタインの予言に基づく重力波を、ＬＩＧＯ（ライゴ）と呼ぶ重力波観測装置で発見したが、そのスタートは２００２年であった。また欧州の研究機関がイタリアに設置したＶＩＲＧＯ（バーゴ）で観測を始めたのが２００７年である。

一方、日本は２０１６年に重力観測装置「かぐら」を建設して実験を始めたが、本格的な稼働は２０１７年に入ってからである。日本が遅れたのは予算が無いからであったが、科学技術の研究というものは装置の設置や実験の繰り返しによって発見や開発が進むものである。「かぐら」を効率よく運営させ、世界の天文学や物理学をリードするためにも、「科学技術省」の創設は不可欠なのである。また、２０１６年１月に打ち上げられた日本のＸ線天文衛星「ひとみ」は、数名の研究者による設計ミスによって宇宙空間で壊れてしまった。

日本の各種の研究を積み上げた装置が、いざ試験段階や実用段階になると事故を起こす場合がしばしばあるが、大きな原因の一つは予算が無いために研究者の手が足りずに代用品を使用したり、解っていても手を抜かざるを得ないという事情もあることを見逃してはならない。

２０１８年の夏に、中央省庁の次官を始めとするトップ人事が発表されたが、財務省はもとより外務省、文科省、法務省、総務省、経済産業省、厚生労働省など一連のトップ達は、いずれも「東京大学法学部」の出身者が占めている。法務省のトップ人事が法学部出身者で占められるのは問題ないが、法律とはあまり関係のない他の省庁まで、ほとんど法学部出身者で占めていることに奇異の念を抱くのは筆者ばかりではあるまい。東大に限らず、経済学部、商学部、経営学部、工学部、理学部、情報学部、医学部、薬学部など、その道の専門家が多数いるはずなのにである。

特に科学や技術を必要とする省庁や部局のトップを法律の専門家が占めていては、科学技術の重要性や、それを活用した政策が日の目を見るチャンスが少なくなるのではと危惧している。技術革新や技術革命が必要な国家政策が不可欠な時代にあっては、科学技術の現場を良く知る者の政策が生かされなければ、ますます他国に遅れを取ってしまうことが懸念される。

3.「情報省」の設置が国家と国民を安全にする

(1) インテリジェンスの重要性を認識する必要

日本は「情報」に疎い国家である。これは民族的資質に加えて、海洋に囲まれた島国で外国からの侵略がほとんど行われなかったことが原因にもなっている。鎌倉時代に元寇の役があり二度に亘ってモンゴル帝国の侵攻を受けたが、これを撃退してからは日米戦争で敗北を喫した以外、他国に侵略された歴史がなかった。

明治維新後、欧米からの文物を積極的に取り入れて近代化を果たしたが、欧米諸国が国家存立の基盤として整えていた「情報」の重要性に気がつかず、形としては欧米を真似て「情報機関」を設置したものの、真の意味でインテリジェンスの役割は果たしていなかった。

情報機関は情報収集や分析を行うが、同時に情報漏洩を防ぐとともに、近年危険度が高まっているサイバー攻撃やテロ活動などを未然に防ぐ役割がある。特にテロ活動が活発化している現在では、海外に拠点を置く企業にとってテロ対策は喫緊の課題である。前述したように日本企業から海外へ派遣される社員・家族の数は１３６万人を超えているが、テロ情報が事前にもたらされず被害者が増大している。

２０１３年にはアルジェリアでプラント大手の「日揮」が襲われて13人が殺害され、バングラデシュのダッカでは青年海外協力隊の７人が犠牲となっている。貿易立国の日本にとって、海外でのテロ被害は日本外交や経済を直撃する重大な問題である。現地でテロの危険があるとの情報が在外公館から入っても、これを分析して対応策まで立てるインテリジェンス機能を在外公館も企業も持っていないために、被害に遭ってしまうことになる。

日露戦争の際に欧州で活躍した明石元二郎大佐は日露戦後、高い評価を受けたが、事実は反ロシア組織に全面的に依存していたのであり、情報員として優れたセンスを保持していたとは言えず、いわば僥倖に近い形でロシア国内を反戦気分に持っていくことができたと言えよう。

一方、逆のケースもあった。ヒトラーが欧州を席巻する勢いの１９４０年当時、陸軍参謀本部からスウェーデンに派遣されていた諜報員の小野寺信大佐は、ドイツが英国ではなくソ連へ侵攻する事実を掌握し、参謀本部へ「ドイツとの同盟は避けるべし」と打電したが、ヒトラーを信奉する参謀本部員（小野寺からの電報受信者）によって全て握り潰されていた。また小野寺は、日本の敗戦が近づいた時点で、参謀本部がソ連を和平の仲介役に依頼しようとしていることを知り、「ソ連はヤルタ会談で日本に宣戦布告を準備しているから不可」と打った電報も無視されていた。

小野寺は敗戦後数年経って、彼の電報を握り潰していた参謀が財界の御意見番となっていることを知って唖然としたと述懐している。要するに国家の命運を左右するほどの重要情報に対しても、個人的感情や判断で全く無視する体質が日本人にあるのである。

事実、20世紀に入ってから日米戦争に至る50年間というもの、米国やソ連あるいは中国などに情報分野で翻弄されたケースが多かった。日米開戦直前には米国情報機関に「暗号機」や「暗号書」も盗まれて、外交方針や連合艦隊機動部隊の動きを把握され敗北している。

日本語の「情報」とはあくまでもインフォメーションであり、英語のインテリジェンスは多くの情報を収集して加工し、総合的に分析評価した上に解釈されるものである。逆に言えば、情報は分析も評価もされていないニュースの素材に過ぎない。明日の天気が「晴れ」か「雨」かは分析・評価する必要がないのと同じである。ところが現在においても日本では、インテリジェンス以前の情報を得た時点で重要性を判断できず、受け手に伝えなかったために損害や被害を作り出している。

3・11の大震災時、原発事故が発生し放射能被害の危険が迫ったが、政府は最も危険な地域にあった福島県飯舘《いいたて》町に情報を発信していなかった。このため、飯舘町長は放射能の危険を避けるために住民に20キロ先の津島地区に避難するよう手を打ったが、結果的にはそこは放射能が最も降り注ぐ地域となっていた。

米軍では福島原発が事故を起こした時点で、早くも航空機やヘリを飛ばせて放射線量の高い地域を全て把握していたが、政府が津島地区が危険と分かったのは3日後であった。政府側は飯舘町にファックスで知らせたと主張したが、飯舘町では受信していなかった。これほど重要な情報はファックス以外にもあらゆる手段を使うべきであったが、ファックス受信の確認さえしていなかったのである。

また2016年5月に北朝鮮が党大会を開催し、核兵器や弾道ミサイルそしてロボットなどの科学技術成果を大々的に宣伝したが、実は日本にいる在日朝鮮人科学者達が作る「科学技術協会＝科協」研究者達がこれに貢献しているのである。

科協のメンバー（科学者）は８０００人ほどいるが、彼らは日本政府の研究機関である「生産技術研究所」や「理化学研究所」あるいは「原子力研究所」などに研究者として入り込み、年に数回、北朝鮮へ出かけて原爆製造や弾道ミサイルの製造に関わっていると、警察の公安機関は見ている。技術流出を防ぐためにもスパイ防止法が必要である所以である。

こうした重大な事例が判明しても、ＮＨＫや一部巨大メディアなどは、重要情報を分析した結果をほとんど報道していない。要するに、日本のメディアは問題が発生した場合の情報と、解決したことの情報だけしか報道しておらず、情報を分析するインテリジェンスを行っていないのである。

インテリジェンスの重要性を認識できない日本は、情報を収集し分析する国家機関に金をかけず、人の配置も極めて少ない。ちなみに日本と世界の情報組織を比較してみよう。

■日本　防衛省情報本部（２３００人）、内閣情報調査室（数百人）、外務省（国際情報統括室）１００人以下。他に警察庁、公安調査庁、海上保安庁などがあるが、合計しても１万人に満たない。

■米国　中央情報局（ＣＩＡ）４万人、国家安全保障局（ＮＳＡ）８万人、国防情報庁（ＤＩＡ）１万人、国家・地理・空間情報庁（ＮＧＡ）１万人。他に17ある中央省庁も各１万人以上を保有している。合計すれば40万人ほどがインテリジェンスに関わっている。

■英国　ＭＩ-6、ＭＩ-5、国防情報本部（ＤＩＳ）、政府通信本部（ＧＣＨＱ）、国防地理画像情報庁（ＤＧＩＡ）等、いずれも2～3万人の要員で運営。合計すれば10万人以上が従事している。

■フランス、ドイツ、ロシア、中国、イスラエルなども数十万人規模で運営されている。詳細な人数は機密のために不明であるが、いずれも10万から50万人が従事しているものと推定される。

特に米国の場合、17省庁が保有する情報機関の予算は最近明らかにされたが、年間700億ドル（7兆1200億円）であるという。宇宙開発で巨額の開発費で有名なNASAが年間2兆円、日本のJAXAは1800億円という予算から比較すると、いかに米国が情報に力を入れているかが理解できよう。また、情報機関に勤務する人数は、日本は主要国に比較して極端に少ないことが分かる。情報化時代・国際化時代に、これほど少ない人数では国家のみならず国民の安全も担保できないであろう。

（2）必要な情報一元化と秘密保全

さて、収集してきた各種情報をどのように分析するかは、各情報機関の分析官の能力にかかっているため、その資質も考慮する必要があるのは言うまでもない。各情報機関で分析した情報を一元化しなければ的確な情報とはならない。「情報省」として安全保障（軍事）、危機管理、経済、科学技術、文化等々の情報を一元化した機関に集めて分析する必要がある。

米国では中央情報局（CIA）、ペンタゴン傘下の国家安全保障局（NSA）、連邦捜査局（FBI）などが作成したインテリジェンスを、国家情報長官（DNI）に集約している。これほど、情報関係に厳しい米国でさえ、米軍が最重要視していた「ステルス技術」を中国に窃取された。既に中国はステルス戦闘機を実戦配備しているのである。

英国における情報分析は、秘密応報部と政府通信本部、保安部（国内）、国防情報本部（軍事）等が行っている。国家情報の中核は国防情報本部（ＤＩＳ）が行うが、ここは情報収集部門と情報を評価する部門から成っている。

フランスの情報収集と分析は、国防省傘下に対外安全保障局（ＤＧＳＥ）、軍事情報局と内務省傘下の国土監視局、情報総局から構成されているが、分析を一機関で行うために異なる分析結果が出て齟齬をきたすこともある。それでもＤＧＳＥは年間７０００件もの報告書を関係諸機関に配布している。

ロシアは、ソ連邦が解体されるまで機能していたＫＧＢは、現在国防省参謀本部情報局（ＧＲＵ）、連邦保安庁（ＦＳＢ）、対外諜報庁（ＳＶＲ）に分けられているが、各情報機関の長は、大統領の息のかかった人物が任命されるため、直接大統領が活用していると言われている。

イスラエルの場合も、情報分析が軍の情報機関から派生したこともあって、国防省傘下の「アマン（軍事）」を中心に情報収集と分析が行われているが、「モサド（対外）」、「シャバク（治安）」も収集と分析は優れている。

重要なことは、公開されている情報や苦労して得た情報も、これに基づいて「勝利を得」たり「利益獲得」となる戦略や戦術を立案しなければならないトップの人物に、情報重視や歴史観が無いと、間違った立案をし相手に付け入られる結果となり敗北の憂き目に遭うということである。インテリジェンスを担当する組織や最高機密会議のメンバーの中に、金銭や女性などの誘惑に弱かったり、賭け事にのめり込む性格の持ち主や、仲間を陥れてでも自己主張を通そうとする者がいたら、組織が崩壊するだけでなく国家そのものも破滅の憂き目を見ることになるのである。

２０１３年12月、自民党政権は公務員を対象とした「特定秘密保護法」を制定したが、重大な国家機密が国政に関与する人物から漏れる体質があることを胆に銘じなければならない。実は、20世紀に入ってから日米戦争に敗北するまでの45年間に、日本政府や軍の極秘情報が政府高官や軍高官によって他国に漏れた重大なケースが４件ほどあったが、２０１８年の現在になっても漏洩者が分かっていない。

一つは日露戦争の初期、旅順港に籠るロシア艦隊を港から出さないよう、日本海軍は中古船を港の出口に沈める閉塞作戦を実施したが、旅順の海軍司令官マカロフ中将は、日本にいるスパイ「露探」によって、閉塞船の出撃日や隻数などを事前に知っていた。当時、ロシア人は東京の大使館といくつかの領事館にしかおらず、海軍の秘密会議などに出る機会など全くなかったにも関わらず、閉塞船情報を詳細に知っていたのである。

二つ目は、１９２９年６月に田中義一内閣が主催した「東方会議」の資料が中国側に漏れ、田中首相が天皇に上奏したとされる文書が「田中メモランダム」として中国から米国へと流れ、日本がアジアや世界征服を目論んでいるとして大々的に宣伝された事件である。この偽の田中上奏文は中国の陰謀による全くの捏造文書であった。東方会議では、アジアや世界を征服するといった議論など一切していない。ところが東方会議に出席していた者しか知り得ない情報も田中メモランダムには記載されていたのである。

三つ目は、フリードマンによる日本の「パープル暗号機」の窃取である。国家の最高機密機がいかなる手段によってフリードマンによって盗まれたのか、今もって分かっていない。当時の日本人一般国民にはこの暗号機の存在さえ知る者はなかった。

そして四つ目が、前述の「グルー大使からの緊急電報事件」である。

上述したいずれのケースも、誰がスパイ行為をしたのか現在に至っても不明であるが、機密漏洩に関与した人物は軍人か外交官かの国家公務員であることは間違いないと考えられる。

そうだとすれば、学校教育において愛国心教育と危機管理教育の徹底と同時に、いじめ体質や意地悪体質、あるいは妬みからくる卑怯な行為を撲滅する教育を徹底して行うことが先決であるように思う。さらに国際化が急進展する中では、民族的資質の違いも中高教育の中でしっかりと教えておく必要がある。なぜなら、稲作民族としての日本人と、遊牧民族としての大陸民族とでは、その資質が極めて異なっており、特に危機管理に対する認識で日本人は大きく遅れているからである。

一方、現代における情報収集方法の中で最も重要なものは、人工衛星や電波・通信装置ではなく「ヒト」なのである。だからこそ欧米諸国を始めロシア・中国・イスラエルなどは情報員を多数配置して収集に全力を挙げている。

もちろん、科学技術の発展した今日では宇宙からの情報収集も不可欠となっており、国連安保委理事国は多くの国家予算を情報収集衛星に注ぎ込んでいる。米国の情報収集衛星は１２３基、ロシア74、中国68、イスラエル９、フランス８、英国７、日本６である（２０１８年現在）。

英国やフランスの衛星は少ないように見えるが、彼らはＥＵとしての総合的な数量を保持して安全保障と気象に関して共同利用している。しかも英国は世界50ヵ国ほどの国を英連邦として組み込んでいるために、情報にしても経済にしても揺るぎない基盤を持っている。ＥＵからの離脱で英国経済がダウンすることはなく、英連邦諸国との絆を強化するから貿易も情報も離脱による影響を受けない。同様にフランスもかつての植民地と連合を組んでいるから、情報と経済面で強固な基盤を持っている。

中国の場合は、世界中に広がる５０００万人の華僑を利用して、情報と経済面でしっかりと絆を持っているが、現在では情報収集衛星に加えて、地球全体を俯瞰するＧＰＳを２０３０年を目処に36基も設置する計画を進めており、その精度は地上１センチメートルの物体を識別できると豪語している。米国のＧＰＳ体制が24基の衛星で出来上がっていることからすると、中国は明らかに宇宙での覇権を狙っていることが理解できよう。

日本がレーザー砲を備えて国家防衛を果たそうとし、また巨大宇宙船でアポフィスの地球衝突を防ぐ意思があるならば、宇宙空間から地球全体を俯瞰しながら、陸・海・空・地下の全てに至る地域の状況を探知できる情報収集衛星や、サイバー攻撃や暗号解読を防いで安全保障や宇宙船を守る量子衛星の保有は不可欠である。また、情報を窃取されないための「量子暗号通信衛星」の開発も喫緊の課題である。米国はエシュロン等によって、あらゆる情報機器からの暗号情報などを窃取し、安全保障のみならず経済、科学技術、社会情勢等々の分析と戦略に活用している。

各国の情報を収集するために外務省は１５０ヵ国に大使館を設置しているが、外交官は文官であり軍事情報や犯罪情報には疎い。これを補うために自衛官を防衛駐在官として世界50ヵ国の大使館に配置しているが余りにも少ない。駐在武官は、駐在国の軍事・警察情報を収集するだけでなく、同じ駐在国に派遣されている他国の武官との交流も頻繁に行って、他国の情報も収集している。しかも軍事情報は陸・海・空と多岐に亘っているため、陸・海・空の武官がそれぞれ独自に行う必要がある。このため、既存の大使館はもとより、未だ大使館が設置されていない国に公使館を設置した上で、陸・海・空の自衛官を防衛駐在官として派遣することが不可欠である。

米国は世界１９６ヵ国と30地域に、陸・海・空の武官を配置して、世界の情報を収集しているが、その他に大使館と総領事館に当該国に関する経済・政治・科学・文化・社会などに関する専門家を情報員として送り込んでいる。もちろん欧州各国も中国・ロシア・韓国・イスラエル等も同様である。

21世紀の現在ではサイバー攻撃が常態化しており、中央省庁のみならず軍事・警察機関、経済界、教育界、科学技術などの研究機関、社会インフラ、文化施設、個人など、あらゆる所に四六時中被害が及ぶ事態となっている。

日本政府は、優秀な在留外国人に永住権を与えるための年数を現行の5年から１年に短縮することを決定したが、これに該当する外国人総数３８４０人のうち、中国人は２４９７人で全体の3分の2を占めている。だが、反日教育を受けた中国人や韓国人への永住権は、慎重に考慮されるべきであろう。

それはともかく、万一戦争になったら絶対負けてはならないのである。負ければ国家も国民も悲惨な状況に追い込まれるのは第二次大戦の敗北で十分経験しているはずである。だが、現在では73歳以下の人々は戦争を全く体験したことがなく、日本が軍事力を保持しなければ侵略などされるはずが無いと考えている者が多い。

自力で国家を守り家族と財産を守るためには、他力本願ではなく自力本願が不可欠であり、それを達成できるのは情報でありインテリジェンスであり科学技術なのである。

４．巨大プロジェクトの財源は

（１）巨大プロジェクトの経済効果

仮に、日本が決心して巨大宇宙船などいくつもの国家的プロジェクトを始める場合、２０１８年現在の日本の状況の中で、どのくらいの企業や労働者が新プロジェクトに参加できるであろうか。

現在の就業労働人口は６３５１万人、非労働人口（幼児・児童・退職者・年金生活者等）は約４５００万人、完全失業者２３６万人である。但し労働人口６３００万人のうち、正規の職員・従業員が58・７％（うち役員が６・２％）であり、非正規となるパート・アルバイト・その他の従業員が35・１％となっており、非正規の労働人口が４割近くを占めている。

非正規雇用が増える要因はいろいろあるが、最も大きい要因は人件費が高騰を続けていることと、企業にとって経済状況に応じて労働者の雇用調整がしやすいからである。つまり社員の数を減らさなければ企業は成り立って行かないほど、既存の生産業やサービス業は行き詰まっているからで、これは世界的傾向にもなっている。

厚労省の調査によれば、２０１８年現在１２０万人の労働力が不足しており、２０３０年には300万人も不足すると発表している。このため外国人労働者が必要となっているが、例えば介護士の資格を持つ人は現場で実際に勤務している人の3倍もいるが、給料が低いために介護現場に勤めようとしていない。日本語のたどたどしい外国人労働者を雇用しなくても、給料さえ上げれば日本人介護士は職場に戻ってくるのである。

一方、日本企業の9割を占める中小企業は、親会社が経営不振に陥れば真っ先に売り上げの減少と従業員解雇に見舞われる。しかし国家があらゆる基礎研究の成果を企業に公開し譲渡する制度があれば、中小企業自ら新たに起業できる分野を見出すことも可能となる。町工場で働く労働者にとっても新たな技術獲得の機会を得るため、解雇されるリスクを減らすことにもなり、例え解雇されても別の企業で職を得ることもできよう。

こうした労働環境を改善するためにも、既存の産業構造から新たな基幹産業へと転換し、労働環境と制度改革などを行わなければならない時期に来ているのである。そして日本には新たな基幹産業を立ち上げる絶好のチャンスが訪れていると言ってよい。労働力不足を解消するためには、一部、外国人労働者を受け入れざるを得ないが、反日教育を受けた中国や韓国からの労働者の受け入れは慎重にしなければならないことは言うまでもない。

2016年4月に、政府の経済財政諮問会議で骨太の方針を発表したが、内容は①子育て支援、②成長戦略、③消費拡大、④その他、であった。このうち、子育て支援では大学までの教育費無料化はなく、成長戦略の中身は「空港民営化、観光インフラ整備、外国人材の活用」であり、消費拡大としては「プレミアム付き商品券発行、全国一斉セールの実施」であった。これでは、GDP600兆円を目指すには財源が大幅に不足し、国民全てが「揺りかごから墓場まで」満足行く豊かな生活を送ろうとすると、骨太どころか「骨粗鬆症」となってしまうであろう。

もしもＧＤＰ１０００兆円を目指すのであれば、現行の政府予算では少な過ぎる。平成29年度予算の概算要求の不足する部門のうち、「外務省」は2兆円に、「文科省」は「文部省」として独立させ15兆円規模にし、「科学技術省」を立ち上げて20兆円に、「防衛省」は10兆円にする必要がある。

以上の省庁への予算を増額した上で、真の「骨太の方針」である成長戦略は、技術革新を中心とした国家的プロジェクトの下に、就労人口のほぼ全てを巻き込むものでなければならない。即ち、技術革命によって「宇宙からのレーザー発電によって全国に新幹線を敷くことができる上に、自力発進の巨大宇宙船、レーザーによるゼトロン、液体水素を利用した貨物船、巨大潜水貨物船、掘削ロボット、災害対策用パワーロボット、水タンカー、自動翻訳機」のプロジェクト化である。いずれのプロジェクトも、実用化されればサービス産業として成り立つから、毎年のように巨額の利益が国庫に入ることとなる。

以上の重要なプロジェクトを推進した場合の経済効果は、10年後には１０００兆円、20年後には１５００兆円と言った具合に倍々ゲームのように増大していくであろう。なぜなら既に、民間企業を始め公的研究機関や、大学等の研究機関が研究開発してきた諸々の技術には、プロトタイプを完成させているものが多く、今後は実用化に向けての開発や実証実験に全力を挙げるだけで完成するものが多いからである。

新しく創られる製品や知的財産は、国内以上に海外に必要と認められて輸出が続き、ほとんどの分野で日本の独壇場となるために、外貨は経済成長華やかなりし１９８０年代よりもはるかに多く外貨が貯まることになろう。ただ、これまでにも目立った欠陥は、せっかく一つの国家的プロジェクトを進めても、国家戦略そのものがないため、プロジェクトが終了すれば研究開発費は打ち切られ、皺寄せは、民間企業にも及ぶことになる。

当初は「国家プロジェクト」としてスタートし成功をおさめた場合であっても、その管理と運営は順次民間に移していくことが不可欠である。国営のままでは衰退するだけとなる。つまり、「科学技術省」は科学技術の研究と開発に力を入れ、成果の挙がった基礎研究は民間企業へ供与する役割を担えばよいことになる。

そしてモノつくりの新たな挑戦は、新たな科学技術を次々と発展させることになる。１９６０年代の米国ＴＶ映画に「ナポレオン・ソロ」という探偵物があったが、ここで使われていたのが小型ペンの形をした双方向可能な携帯通信機であった。それが１９８０年代には自動車に搭載する電話機となり、それから10年を経ずして個人が保有できる携帯電話となったばかりか、21世紀に入るとスマートフォンとなり、あらゆる情報が双方向で利用できるようになっている。しかも、こうした情報機器の発展に多大な貢献をしてきたのは、実は日本人技術者達であった。

だが、これからは個々の民間企業で巨大プロジェクトに基づく技術革新を進めることは難しい。科学技術の進展と国際化を見据えて国家政策を決定するのはあくまでも政治家である。特に内閣を構成する与党政治家達に戦略的思考がなければならない。21世紀の日本の政治家にも米国政治家のような国家戦略策定が求められているのである。

また国家政策を立案する官僚達には、日本の安全保障や外交、経済、教育、科学技術面などで侮る国に対し、「なぜ日本を妨害するのか」、「なぜ貶めるのか」、そして「負けるものか」などの気持ちが心中になければならない。だが残念ながら、そうした感情を持つ官僚は現在までのところ見当たらない。国家政策立案者には、是非、こうした感情を持って欲しいのである。

もちろん、現代は戦国時代や幕末時代と違って「刀の時代」ではないが、政治家も官僚もそして国民も刀を持つ「武士」の気概を持って、「負けるな」という意識は保持し続けなければならない。

（２）１９００兆円の貯蓄を持つ国民に投資させよ

２０１８年現在の日本経済は決して好調とは言えない。トヨタ自動車だけが一人快走を続けているが、他の主要業界となる電気・建設・ＩＴなどの分野では、経営上の不手際のために業績を落としているからである。加えて、年々社会福祉費用が膨大な額を記録し国家財政を苦しい状況に追い込んでいる。

周知のように、２０１７年度における長期国債残高は１０５３兆円となっており、同年度のＧＤＰ５３２兆円をはるかに上回り、日本は大借金国となっている。国民一人当たりの借金は８３０万円となり、２０１７年度では９００万円を突破している。

唯一、日本経済を債務不履行の状態から救っているのは、２０１７年現在で国民が抱える１９００兆円もの貯金があるからであるが、年々増える赤字国債は40～50兆円であるから、あと10年もすれば長期国債残高を加えても国民の貯金はゼロ状態となり、ギリシアと同じ状態に陥ることが懸念されている。しかも、１９００兆円の貯蓄と言っても、半分ほどが貯金によるもので、利益を増大させる投資はわずか10％でしかない。貯蓄も大切であるが半分ほどは投資に向けることが必要である。

政府は国民の投資を促すため、ＮＩＳＡを導入したり日本郵便会社の持ち株のうち、かんぽ生命や郵貯銀行を民間へと移管したが、これも完全な民営化ではなく未だ国家の管理に頼っている。１００％民営化していくためには経営手腕が問われているが未知数である。

結局、銀行利子による利殖の道を絶たれた庶民は、東南アジアでのエビの架空養殖事業に投資したり、タイでの鉱山開発に数百億円もの投資をしたが架空事業であったために被害を被った者は多い。年金だけでは老後が保証されないと考える退職後の人々は、少しでも老後保証を求めて投資先を探すが、投資詐欺に遭って貴重な財産を失っている人も多い。

また、日銀による大規模な金融緩和を受けて、地方銀行や信用金庫などが不動産関連の融資や投資を客にすすめ、融資先を奪い合う事態まで起きている。銀行などを通して大手証券会社を紹介され、高い利率が設定されている「仕組み債」など多額の金融商品を購入する高齢者も増えている。「仕組み債」は、詳細な説明とともに高度の知識と判断力を必要とする商品で、判断力が鈍くなっている高齢者には不向きな商品である。

企業は２０１７年現在で４４６兆円の社内留保金を保有している。理由は投資先が見つからないことが最大の原因であるが、政府・財務省は内部留保企業に対して課税を検討している。企業にして見れば、投資先が無いため先行き不安で社内留保金を増やすが、社員の給料を上げることも不安なのである。このため「金」が世の中に回らず、企業は銀行から借り入れさえ行わないので、銀行は営業が成り立たず合併や縮小状態に追い込まれている。

一方、財源が乏しいからとして財務省は税金徴収に躍起となっているが、国際大学学長だった故・宍戸駿太郎氏が喝破するように、課税や増税は却って日本経済を再びデフレへと回帰させかねないのである。経済を成長させるには宍戸氏が提言するように、毎年10～20兆円ほどの投資を５年間続ければ日本経済はバラ色になるのである。１００兆円や２００兆円は日本銀行からすぐにでも出せる金額である。なぜなら２０１７年８月現在で、日本銀行は４４０兆円も保有しているからである。

２０１６年以来、日銀の黒田総裁が金利をマイナスにしたことで、市中銀行は日銀から金を引き上げ、新たな投資先を必死で探し始めている。ただ、産業界もサービス業界も新たに投資するような目玉商品がないため、海外に目を向けて既存の産業に投資先を探っている状態である。その代表が中国の「一帯一路」への投資である。日本には豊富な資金を持つ資産家はたくさんいるが、新たなアイデアを持つ若者などに投資をする人は少ない。

米国では19世紀の時点で莫大な資金を持つ資産家達は、大学を始め、新たに開発した技術者達に競って投資をする人々がいる。米国が今日、依然として世界経済をリードしている背景には、ベンチャー企業を積極的に支援してきた事実を見逃してはならない。現在、世界企業のトップを走るマイクロソフト、グーグル、アップル、フェイスブック、テスラ等は、いずれも若い起業家が事業を起こすに当たって、資産家からの資金で巨大企業へと発展させてきた。

未だ海のものとも山のものとも分からない技術に巨額の投資をする人達を「エンジェル投資家（Angel investor）」と呼ぶが、エンジェル達は年間２兆円もの投資を行っているだけでなく、万一失敗しても一切返金要求はしない。ちなみに日本で若い技術者のアイデアに投資する金額は年間10億円である。もちろん、マンモス企業へと成長した企業の所得税は巨額であり、米国政府の国家予算に貢献している。

一方、２０１７年度の日本の国家予算は97兆円（米国は５９９兆円）であったが、このうち政府が得る税収入は57兆円、その内訳は国民から得る所得税は18兆円、消費税から17兆円、企業からの法人税は12兆円である。しかし、少子高齢化や大規模災害などを考慮すれば、一般会計としての97兆円では到底賄い切れない。だが日本は国家予算として特別会計を約４００兆円も立てているのである。前述したように、この特別会計の多くが防衛省を除いて、各省庁が保有する「財団・社団」等の外郭団体へと供与されている。

それゆえ、当初は「科学技術省」や「情報省」の予算をここから出すようにすればよいのである。震災や原発被害などに対する費用は特別会計から出るが、科学技術や情報も国家的事業であるから、必ずしも一般会計に組み込む必要はない。しかし、現在の規模のＧＤＰでは、人生１００年とも言われる２０３０年代に老後を迎える人々の年金は支え切れないであろう。それゆえ、安倍首相は「働き方改革」や「人生総活躍時代」などのプロジェクトを立ち上げて、10年後、20年後に備えようとしている。

『Life Shift』（邦訳『人生１００年時代の人生戦略』）を書いた英国のリンダ・グラットン女史の言うように、人生１００年のうち80歳までは働かなければならない時代が訪れようとしている。年々高騰する社会福祉費用や医療費、不測の事態にも十分に備えた財政を確保するには、現在目標としているＧＤＰ６００兆円では不足で１０００兆円が必要である。そのためには、国民をも巻き込んだ巨額の投資によってＧＤＰを大いに増やしておかなければならない。

現在の銀行は投資先がないため、貸し出しによる利益がなく預金者の金利も１％にも達しておらず、銀行業は大幅な縮小に追い込まれている。だが、国内投資はなくても海外投資は今後も増大するから、銀行業を衰退させてはならない。それゆえ、国家が前述の巨大プロジェクトを立上げ、企業の社内留保金や国民の保有する１９００兆円の半分を銀行に預けさせ、銀行はこれを国家プロジェクトに投資することで利益を得るので、金利も上昇することになるし銀行も一息つけよう。

もちろん、日本が経済を活性化し豊かな財源を得ようとするならば、世界の消費者が喜ぶ製品をつくって輸出する外需や、宇宙旅行などのサービスや医療サービス等に頼るしかない国柄である。つまり「モノつくり」と「サービス」のために、「技術革命」を続けなければならない宿命にある。さらに特許料など科学技術研究から得る知的財産権や電気・通信・情報関連からの使用料なども重要な財源へと代わりつつある。

それゆえ、成長戦略として考えるならば、技術革命によって全く新たな基幹産業を立ち上げ、国内はもとより世界の人々が恩恵を受けるサービスに繋げなければならない。

（３）巨大災害からの復興費が巨額になる

但し、日本が巨大プロジェクトを推進し世界一の経済大国とはなっても、諸手を挙げて喜んではいられない自然環境にあることを認識しておかなければならない。つまり、日本は常に

「メガクライシス（巨大危機）」の発生と、巨額の復興費を準備することが運命づけられているからである。

メガクライシスとは、巨大地震、巨大津波、巨大噴火、巨大台風、巨大洪水、巨大土砂災害、豪雪などであり、これらに襲われれば百万人単位の人命の喪失と、各種社会インフラ、工場を始めとする各種産業基盤が機能を失ってしまうのである。時には数個のメガクライシスが同時に生起する場合もある。

２０１８年６月に「日本土木学会」が発表した「南海トラフ地震」の被害額は、地震と津波が発生するとして20年間に１４１０兆円、このうち建物の損害だけで１７０兆円と予測している。また、将来起こり得る「首都直下型地震」の損害額も、津波を伴った場合は７７８兆円と予測している。巨大地震だけでなく、国内に１１１ある活火山のうち半分に当たる56の火山が、今後活発化すると予測されている上に、温暖化の影響で豪雪が襲ったりメガ台風や春秋の停滞前線による土砂災害なども視野に入れておかなければならない。

２０１１年に、発生した東日本大震災だけでもマグニチュード９・０の巨大地震で津波も伴っていたため未曽有の被害を生んだ。死者数１万６０００名、負傷者６１５２名、行方不明２５６１名、住宅などの建築物、公共施設、道路・橋・港湾施設、喪失した漁船２６１２隻などであった。

東日本大震災の場合は、巨大津波によって原発事故も同時に発生したため、その被害額は50兆円、復興費用も10年間だけで50兆円と言われているが、失業者数は12万人に達し未だに避難生活を余儀なくされている上に、福島原発の廃炉処理や周辺部の農業・漁業・観光業も未だに

南海トラフ地震の被害の概要（土木学会の推計、2018年6月）

資産被害	170兆円	地震・津波で毀損する建築物等の資産量。内閣府試算。
20年経済被害	1,240兆円	道路破断及び生産施設毀損による1048兆円の20年経済被害（本委員会で推計した、GDPの20年間の累計毀損額）に加えて、港湾における交通破断による16.9兆円（内閣府推計）に基づいて求めた20年経済被害の推計値192兆円の合計値。
20年財政的被害	131兆円	20年経済被害の推計値より、一般政府（国と地方）の総税収の縮小額を推計。
人的被害	323,000人	地震・津波による死者数。内閣府試算。

首都直下地震の被害の概要（土木学会の推計、2018年6月）

資産被害	47兆円	地震・津波で毀損する建築物等の資産量。内閣府試算。
20年経済被害	731兆円	道路破断及び生産施設毀損による678兆円の20年経済被害（本委員会で推計した、GDPの20年間の累計毀損額）に加えて、港湾における交通破断による4.5兆円（内閣府推計）に基づいて求めた20年経済被害の推計値53兆円の合計値。
20年財政的被害	77兆円	20年経済被害の推計値より、一般政府（国と地方）の総税収の縮小額を推計。
人的被害	23,000人	地震・津波による死者数。内閣府試算。

完全復活していない。

東日本大震災によって集められた瓦礫は２７６０万トン、津波による堆積物の推計量は９５３万トンであった。これらの瓦礫や放射性瓦礫を片付けるにも、数万台のトラックと人員が必要であり、被害額はまだまだ膨らむことが予想されている。しかも被災原発の廃炉によって、電気料金は国民全体で20年以上に亘って負担しなければならない事実もある。東日本大震災は、発生から20年間までに生ずる損害額は７００～８００兆円に達すると思われる。

現在、ささやかれている南海トラフ地震は、東日本大震災と同じか、あるいは上回る被害をもたらすと予測されているのである。南海トラフで巨大地震が発生すれば、東京湾の海底でも連動したマグニチュード７程度の地震が発生する可能性も否定できないのである。こうした巨大地震によるインフラの破壊や被災者個人の損害は、その人生設計において計算できないほどの損失を被ることになるが、この損害は復興費には含まれていないのである。

日本には全国に２０００以上もの活断層の存在が確認されているが、日本列島が乗る四大プレートの動きによって、活断層への刺激も考慮されているから防災体制の強化が進められているが、メガ地震に対応できるかは未知である。特に沿岸部に立地している原発は全国に40ヵ所以上あり、メガ地震やメガ津波に襲われれば、広域に亘って住民は避難生活を余儀なくされ、生活は破壊されてしまう。

一方で、経済成長時代の１９６０年から７０年代にかけて建設された各種のインフラは老朽化が進み、国土交通省によると７年後の２０２４年には老朽化率は40％、２０３３年には67％に達すると見積もられている。小さな地震が来ただけでも、多くのインフラが破壊されることが懸念されているのである。

もちろん、メガクライシスは日本だけに襲いかかるわけではない。世界の火山学者が恐れているのは、インドネシアのタンポラ火山やトバ火山の大爆発であり、米国のイエローストーンの大爆発である。これらの火山は過去にも富士山の爆発をはるかに上回る大爆発を起こして、地球の温度を数年間にわたって冷却状態においた上に、近年になって再び爆発の兆候がみられるからである。万一、大爆発すれば世界経済に計り知れない損害を与えることになる。それゆえ、将来発生する各種災害から復興するための費用は、人命喪失への補償、各種インフラ復旧、産業の立て直しなど数千兆円が必要となり、いくらあっても足りないのである。

当然ながら、高齢化社会の進展によって年金や医療・社会保障費などはいずれ１００兆円を突破するであろうし、教育費の無償化問題も避けて通れない問題である。そして今後の日本の発展のためには科学技術研究への巨額投資も不可欠となっている。

以上の災害事案の他にも、安全保障問題や経済の活性化などを考えると、現在の日本のＧＤＰ５３０兆円では到底対応できないことは明らかで、少なくともＧＤＰは１０００兆円ほどにしておかなければならず、少子高齢化に向かう国民が安心して悠々自適の生活を維持するためには１５００兆円ほどを維持しておく必要があろう。

政治家は是非、日本の経済状態と日本人の技術力を見通して、税収などに頼るのではなく技術革命のための巨大投資に目を向けるべきである。当然ながら、巨大プロジェクトを組む際や、国民が投資する際に障害となる各種の規制があれば、速やかに撤廃することである。

おわりに

本書で取り上げた諸々の科学技術は、5～6件程に過ぎないが、他にも「遠隔地からのロボットを活用した外科治療」、「量子コンピュータ」等々たくさんある。紙数の都合で取り上げることができなかったが、これらの技術を実用化すれば、第4の産業革命になる上に日本のみならず世界が多大の恩恵を受けるのである。

しかも、これらの技術は日本人科学技術者が既に、プロトタイプ（原型）を作り上げているのである。プロジェクトを立ち上げ実用化すれば、サービス（業）として大発展するので大いに利益を生むし、生活も潤うことは間違いない。

日本が第4の技術革命に進むためには、まず、現行の文科省から教育と科学技術を分けて、「文部省」と「科学技術省」にする必要がある。

問題は、政策決定者である政治家達が決断できるかどうかにかかっていると言えよう。国政を預かる政治家ならば、与野党に関わらず国家と国民のための「安全」と「繁栄」の観点から科学技術への投資を決断しなければならないのである。巨額の貯金を持つ国民が巨大プロジェクトに投資できるように、既存の規制を撤廃したり、官僚を利する「特別会計」の見直しをするなどは、その最たるものの一つである。

中国などの独裁政権国家では、国家戦略として重要な軍事や経済政策も2週間程度で決定して実行に移しており、国家（独裁政権）にとってプラスとなるものであれば躊躇しない。彼らは、「人民のため」や「人類のため」ではなく、あくまでも独裁政権の維持にとって有益か否かで即断している。

トランプ大統領が「米国ファースト」を打ち出し、まずは中国による米国のハイテク窃取を防ぐ政策で米中貿易戦争を起こしたが、ハイテクの防衛に関しては日本は米国以上に厳しく対応しなければならない。

米国や中国の経済大国ぶりを見れば、いかに科学技術の推進が重要かが理解できよう。日本国民は、何を政治家に求めているのか、今こそ政治家を動かす時が来ているのである。

参考文献

『文明の衝突』サミュエル・ハンティントン、集英社、一九九八年
『稲作民外交と遊牧民外交』杉山徹宗、講談社、二〇〇六年
『防衛装備品取得改革の課題と提言』ディフェンスリサーチセンター、二〇〇七年
『国防のためのクリティカルテクノロジー』米空軍工科大学、ディフェンスリサーチセンター訳、一九九三年
『NASA極超音速機の挑戦』中富信夫、講談社、二〇〇三年
『逝き世の面影』渡辺京二、平凡社、二〇〇五年
『深海知能ロボットの開発研究』東京大学生産技術研究所、二〇〇六年
「宇宙基本法で宇宙の防衛利用は進むか」玉真哲雄、『DRC年報』2008
『失敗の本質』野中郁次郎他、ダイヤモンド社、二〇一二年
『NEWTON』ハイテクの世界、ニュートンプロレス、二〇一二年
『ソフト・エッジ』中島震・みわよし子、丸善出版、二〇一三年
『米中同盟時代と日本の国家戦略』杉山徹宗、祥伝社、二〇一五年
『中国が喰いモノにするアフリカを日本が救う』ムウエテ・ムルアカ、講談社現代新書、二〇一五年
『超ヤバイ話―地球・人間・エネルギーの危機と未来』長沼毅、さくら舎、二〇一七年
「フェイクニュースは戦争を起こす?」鈴木一人、『Newsweek 日本版（電子版）』
『数学を使わない数学の講義』小室直樹、WAC、二〇一八年
New York Times, August 7, 2010.
「Time to Think About a New SDI」杉山徹宗、『DRC年報』2006

「Space-Based Technologies to End All Conflicts」杉山徹宗、『ＤＲＣ年報』２００８
http://iss.jaxa.jp/shuttle/overview/structure/ 2009/03/16.
Beams 92,9th International Conference on High Power Particle Beams, National Research Laboratory, University of Maryland, 1992.
Critical Technologies for National Defense, Air Force Institute of Technology, American Institute of Aeronautics and Astronautics, Washington D.C.1998.
The Military Power of the People's Republic of China, Department of Defense, 2010
Navy ford Class Aircraft Carrier Program:Background and Issues for Congress, Naval Research Advicery Committee, April 5,2016.

著者

杉山 徹宗（すぎやま　かつみ）

慶應義塾大学法学部卒業。米国ウィスコンシン大学・大学院修士課程修了。カリフォルニア州立大学講師、明海大学教授を経て、明海大学名誉教授。現在、㈶ディフェンス リサーチ センター専務理事、自衛隊幹部学校・「指揮幕僚課程、高級課程」講師。HSU客員教授。法学博士。専門は国際関係論、外交史、安全保障論。

著書に、『中国4000年の真実』（祥伝社）、『稲作民外交と遊牧民外交』（講談社）、『騙しの交渉術』『勝者の戦略』（以上、光人社）、『大国の外交戦略史』（鷹書房）、『歯科医院の英会話に強くなる本』（独・クインテッセンス社）

日本の技術が世界を変える

——未来に向けた国家戦略の提言——

2019年2月18日　第1刷発行

著 者

杉山《すぎやま》 徹宗《かつみ》

発行所

㈱芙蓉書房出版

（代表 平澤公裕）

〒113-0033東京都文京区本郷3-3-13

TEL 03-3813-4466　FAX 03-3813-4615

http://www.fuyoshobo.co.jp

印刷・製本／モリモト印刷

ISBN978-4-8295-0754-4

【芙蓉書房出版の本】

「技術」が変える戦争と平和

道下徳成編著　本体 2,500円

宇宙空間、サイバー空間での戦いが熾烈を極め、ドローン、人工知能、ロボット、３Ｄプリンターなど軍事転用可能な革新的な民生技術に注目が集まっている。国際政治、軍事・安全保障分野の気鋭の研究者18人がテクノロジーの視点でこれからの時代を展望する。

【内容】技術が変える宇宙の軍事利用（村野将）／変わりゆ くサイバー空間での戦争（川口貴久）／脳・神経科学が切り 開く新たな戦略領域（土屋貴裕）／技術革新と軍の文化の変 容（安富淳）／技術革新とハイブリッド戦争—ロシアを中心 として（小泉悠）／ 技術が変える南アジアの安全保障（長 尾賢）／韓国の戦力増強政策の展開と軍事産業の発展—新技 術獲得を目指す執念とその弊害（伊藤弘太郎）／日本の防衛 装備品の課題と今後の展望（堀地徹）／ドローン技術の発展 ・普及と米国の対外武力行使—その反作用と対応（齋藤孝祐） ／3Dプリンタが変える戦争（部谷直亮）／ＡＩとロボティ クスが変える戦争（佐藤丙午）／技術革新と核抑止の安定性 に係る一考察—極超音速兵器を事例として（栗田真広）／ トランスナショナル化するテロリズム—現代技術はテロの脅 威をどう変えたのか？（和田大樹）／技術進歩と軍用犬—対 テロ戦争で進むローテクの見直し（本多倫彬）／技術が変えた戦争環境（中島浩貴）／技術が変えない軍の特質—海兵隊 を事例に（阿部亮子）／軍における技術進歩の知的背景—米 陸軍のドクトリンと「作戦術」中心の知的組織への挑戦（北 川敬三）

スターリンの原爆開発と戦後世界

ベルリン封鎖と朝鮮戦争の真実

本多巍耀著　本体 2,700円

ソ連が原爆完成に向かって悪戦苦闘したプロセスをKGBスパイたちが証言。戦後の冷戦の山場であるベルリン封鎖と朝鮮戦争に焦点を絞り東西陣営の内幕を描く。スターリン、ルーズベルト、トルーマン、金日成、李承晩、毛沢東、周恩来などキーマンの回想録、書簡などを駆使したノンフィクション。

【芙蓉書房出版の本】

初の国産軍艦「清輝《せいき》」のヨーロッパ航海

大井昌靖著　本体 1,800円

明治９年に横須賀造船所で竣工した初めての国産軍艦「清輝」が明治11年１月に横浜を出港したヨーロッパ航海は１年３か月の長期にわたった。若手士官たちが見た欧州先進国の様子がわかるノンフィクション。

◆ヨーロッパ派遣費用は現在の５億円◆イギリス領コロンボで牢獄を見学◆マルセイユでは連日200人のフランス人が艦内見学◆テムズ川を航行し大がかりな艦上レセプション◆シェルブールに入港、パリ万国博覧会見学◆コンスタンチノーブルでトルコ皇帝に謁見

知られざるシベリア抑留の悲劇

占守島の戦士たちはどこへ連れていかれたのか

長勢了治著　本体 2,000円

この暴虐を国家犯罪と言わずに何と言おうか！

飢餓、重労働、酷寒の三重苦を生き延びた日本兵の体験記、ソ連側の写真文集などを駆使して、ロシア極北マガダンの「地獄の収容所」の実態を明らかにする。

誰が一木支隊を全滅させたのか

ガダルカナル戦と大本営の迷走

関口高史著　本体 2,000円

わずか900名で１万人以上の米軍に挑み全滅したガダルカナル島奪回作戦。この無謀な作戦の責任を全て一木支隊長に押しつけたのは誰か？　従来の「定説」を覆すノンフィクション。